Zu diesem Buch

Ein Buch über Mode? Na klar, ist doch absolut modern!
Information, schrill und schick in Wort und Bild.
Zeitgenössisch und historisch. Mit Texten, die unter die
Haut gehen und das Innere nach außen kehren, von *René
König* und *Marianne Enzensberger*. Ein Buch en vogue und
en détail. Mit Betrachtungen über die Trachten des
Widerstands und die Maskeraden des Bürgerkriegs von
Ingrid Loschek und *Rudi Thiessen*. Über den Krieg der
Knöpfe und andere Verschlußsachen. Hier geht der Mode-
hasser unter die Gürtellinie und zur Modenschau in den
Supermarkt. Mit Berichten über den modernen Mann und
das modische Moskau von *Elmar Kraushaar* und *Wjatscheslaw
Saizew*, dem sowjetischen Modeschöpfer Nummer eins
persönlich. Blicke hinter die Kulissen und Plaudereien aus
dem Nähkästchen von *Christian Pfannenschmidt*. Und ausge-
zeichnete Ausblicke von *Joop*, *Hympendahl*, *Ody* und *Skoda*.

THOMAS BÖHM, BIRTE LOCK,
THOMAS STREICHER (HG.)

DIE ZWEITE HAUT

ÜBER MODEN

Rowohlt

Veröffentlicht im Rowohlt Taschenbuch Verlag GmbH,
Reinbek bei Hamburg, Dezember 1989
Copyright © 1987 by Elefanten Press Verlag GmbH,
Berlin (West)
Umschlaggestaltung Ralf Buckendahl
(Foto: Petra Gall / ZEBRA)
Satz Bembo (Linotronic 500)
Gesamtherstellung Clausen & Bosse, Leck
Printed in Germany
1280-ISBN 3 499 18559 8

INHALT

Hans Christian Andersen

DES KAISERS
NEUE KLEIDER

Vor vielen Jahren lebte ein Kaiser, der hübsche neue Kleider so über die Maßen liebte, daß er all sein Geld dafür ausgab, recht sehr geputzt zu werden. Er machte sich nichts aus seinen Soldaten, machte sich nur etwas aus Theater oder Spazierenfahren im Walde, weil er dann seine neuen Kleider zeigen konnte. Er hatte für jede Stunde des Tages einen Frack, und wie man von einem König sagt: Er ist im Rat, so sagte man hier immer: Der Kaiser ist im Kleiderschrank!

In der großen Stadt, in der er wohnte, ging es sehr vergnüglich zu. Täglich kamen viele Fremde. Eines Tages kamen zwei Betrüger; sie gaben sich als Weber aus und sagten, sie verstünden den schönsten Stoff zu weben, den man sich denken könne. Nicht allein wären die Farben und das Muster außerordentlich schön, sondern die Kleider, die aus diesem Stoff genäht würden, hätten die erstaunliche Eigenschaft, daß sie für jeden Menschen unsichtbar blieben, der nicht für sein Amt tauge oder auch ungebührlich dumm sei. ‹Das müssen ja wunderbare Kleider sein›, dachte der Kaiser, ‹wenn ich die anhabe, könnte ich ja dahinterkommen, welche Männer in meinem Reich nicht für das Amt taugen, das sie innehaben; ich kann die Klugen von den Dummen unterscheiden; ja, dieser Stoff muß sofort für mich gewebt werden!› und er gab den beiden Betrügern viel Geld an die Hand, damit sie mit ihrer Arbeit beginnen sollten.

Sie stellten auch zwei Webstühle auf, taten, als ob sie arbeiteten, aber sie hatten nicht das geringste auf dem Webstuhl. Frischweg verlangten sie die feinste Seide und das prächtigste Gold; das steckten sie in ihren eigenen Beutel und arbeiteten an den leeren Webstühlen, und zwar bis tief in die Nacht hinein.

‹Nun möchte ich doch wirklich wissen, wie weit die mit ihrem Zeug sind!› dachte der Kaiser, aber ihm war ordentlich ein bißchen wunderlich ums Herz, wenn er daran dachte, daß derjenige, der dumm war oder gar nicht für sein Amt paßte, das Zeug nicht sehen konnte. Nun meinte er allerdings, er brauche um sich selbst keine Sorge zu haben, aber er wollte doch zuerst jemanden hinschicken, der nachsehen sollte, wie es stünde. Alle Menschen in der ganzen Stadt wußten,

welch seltsame Kraft der Stoff hatte, und jeder war darauf erpicht, zu sehen, wie schlecht oder dumm sein Nachbar sei.

‹Ich schicke meinen alten, ehrlichen Minister zu den Webern!› dachte der Kaiser. ‹Er kann am besten sehen, wie der Stoff sich ausnimmt, denn er hat Verstand, und keiner paßt besser für sein Amt als er!›

So ging denn der alte, brave Minister in den Saal, wo die beiden Betrüger saßen und an den leeren Webstühlen arbeiteten. ‹Gott im Himmel!› dachte der alte Minister und sperrte die Augen auf, ‹ich kann ja nichts sehen!› Aber das sagte er nicht. Beide Betrüger forderten ihn auf, er möge so gut sein und näher treten, und fragten, ob es nicht ein

schönes Muster und herrliche Farben seien. Dann zeigten sie auf den leeren Webstuhl, und der arme, alte Minister sperrte die Augen immer weiter auf, aber er konnte nichts sehen, denn es war nichts da. ‹Herrgott!› dachte er. ‹Sollte ich dumm sein? Das habe ich nie gedacht, und das darf kein Mensch erfahren! Sollte ich für mein Amt nicht taugen? Nein, es geht nicht, daß ich erzähle, ich könnte den Stoff nicht sehen!›

«Nun, Sie sagen nichts darüber!» sagte der eine, der webte. «Oh, es ist wunderhübsch! ganz allerliebst!» sagte der alte Minister und blickte durch seine Brille. «Dies Muster und diese Farben! – Ja, ich werde dem Kaiser sagen, daß es mir ganz besonders gefällt!» «Nun, das freut uns!» sagten die beiden Weber, und nun nannten sie die Farben beim Namen und das seltsame Muster. Der alte Minister hörte gut zu, damit er dasselbe sagen konnte, wenn er zum Kaiser nach Hause käme, und das tat er. Nun forderten die Betrüger mehr Geld, mehr Seide und Gold, welches sie zum Weben brauchten. Sie steckten alles in ihre eigenen Taschen, auf den Webstuhl kam kein Fädchen, aber sie fuhren fort wie vorher, an den leeren Webstühlen zu weben.

Der Kaiser schickte bald wieder einen braven Beamten hin, der sich ansehen sollte, wie es mit dem Weben ginge und ob der Stoff bald fertig wäre. Es erging ihm aber genau wie dem Minister, er guckte und guckte, da aber nichts da war außer den leeren Webstühlen, konnte er nichts sehen.

«Ja, ist es nicht ein hübsches Stück Stoff?» sagten die beiden Betrüger und zeigten und erklärten das wunderbare Muster, das gar nicht da war. ‹Dumm bin ich nicht!› dachte der Mann. ‹Aber dann ist es also mein gutes Amt, zu dem ich nicht tauge. Das wäre wirklich komisch, aber da darf man sich nichts anmerken lassen!› und dann lobte er den Stoff, den er nicht sah, und versicherte sie seiner Freude über die schönen Farben und das wundervolle Muster. «Ja, es ist ganz allerliebst!» sagte er zum Kaiser.
Alle Menschen in der Stadt redeten von dem prachtvollen Stoff.

Nun wollte der Kaiser selber ihn sehen, während er noch auf dem Webstuhl war. Mit einer ganzen Schar auserwählter Männer, unter welchen die beiden alten braven Beamten waren, die vorher dagewesen waren, ging er zu den listigen Betrügern, die nun aus aller Kraft woben, aber ohne Garn und Faden. «Ja, ist es nicht magnifique!» sagten die beiden braven Beamten. «Belieben Euer Majestät sich anzusehen, welches Muster, welche Farben...!» Und dann zeigten sie auf den leeren Webstuhl; denn sie glaubten, die anderen könnten wahrscheinlich den Stoff sehen.

‹Was ist das?› dachte der Kaiser, ‹ich sehe nichts! Das ist ja furchtbar, bin ich dumm? Tauge ich nicht dazu, Kaiser zu sein? Das wäre das Schrecklichste, was mir zustoßen könnte!› – «Oh, es ist sehr hübsch», sagte der Kaiser, «es findet meinen allerhöchsten Beifall!», und er nickte befriedigt und betrachtete den leeren Webstuhl: er wollte nicht sagen, daß er nichts sehen könne. Das ganze Gefolge, welches er bei sich hatte, guckte und guckte, es kam aber nicht mehr dabei heraus als bei allen anderen, sie sagten jedoch ebenso wie der Kaiser: «Oh, es ist wunderschön!», und sie rieten ihm, die Kleider aus diesem neuen prächtigen Stoff zum erstenmal bei der großen Prozession anzuziehen, die bevorstand. «Es ist magnifique! bezaubernd, excellent!» ging es von Mund zu Mund, und man war allenthalben herzlich erfreut darüber.

Der Kaiser überreichte jedem von den Betrügern einen Orden, den sie ins Knopfloch hängen sollten, und den Titel eines Webjunkers.

Die ganze Nacht vor dem Vormittag, da die Prozession stattfinden sollte, blieben die Betrüger auf und hatten über sechzehn Kerzen brennen. Die Leute konnten sehen, daß sie große Eile hatten, des Kaisers neue Kleider fertigzubekommen. Sie taten so, als nähmen sie den Stoff vom Webrahmen, sie schnitten in der Luft mit großen Scheren zu, sie nähten mit Nähnadeln ohne Faden und sagten schließlich: «Seht, nun sind die Kleider fertig!»

Der Kaiser mit seinen vornehmsten Kavalieren kam selbst dorthin, und beide Betrüger hoben den einen Arm hoch, so, als hielten sie etwas, und sagten: «Seht, hier sind die Beinkleider! Hier ist der Frack! Hier der Mantel!» und so immer fort. «Es ist so leicht wie Spinnenweben! Man sollte meinen, man habe nichts am Leibe, aber das ist gerade das Gute daran!»

«Ja!» sagten alle Kavaliere, aber sie konnten nichts sehen, denn da war nichts. «Möchten nun Euer Kaiserliche Majestät allergnädigst belieben, Ihre Kleider auszuziehen!» sagten die Betrüger. «Dann ziehen wir Ihnen die neuen an, hier drüben vor dem großen Spiegel!»

Der Kaiser zog alle seine Kleider aus, und die Betrüger taten nun so, als zögen sie ihm jedes Stück von den neuen an, die genäht sein sollten, und sie griffen ihm um den Leib und taten so, als bänden sie etwas fest, das war die Schleppe. Und der Kaiser wandte und drehte sich vor dem Spiegel. «Gott, wie gut es kleidet! Wie wunderbar es sitzt!» sagten alle. «Welch ein Muster! welche Farben! Es ist ein kostbares Gewand!»

«Draußen stehen sie mit dem Thronhimmel, der bei der Prozession über Euer Majestät getragen werden soll!» sagte der Oberzeremonienmeister.

«Ja, ich bin soweit!» sagte der Kaiser. «Sitzt es nicht gut?», und dann drehte er sich noch einmal vor dem Spiegel! Denn es sollte so aussehen, als betrachtete er sich so richtig in seinem Staat.

Die Kammerherren, die die Schleppe tragen sollten, tasteten mit den Händen über den Fußboden hin, so, als nähmen sie die Schleppe hoch; sie gingen und taten so, als hielten sie etwas in die Höhe, sie durften andere nicht merken lassen, daß sie nichts sehen konnten.

Und dann ging der Kaiser unter dem schönen Thronhimmel in der Prozession, und alle Menschen auf der Straße und in den Fenstern sagten: «Gott, wie unvergleichlich sind des Kaisers neue Kleider! Was für eine wunderbare Schleppe hat er am Frack! Wie göttlich sie sitzt!» Keiner wollte es sich anmerken lassen, daß er nichts sehen konnte, dann hätte er ja für sein Amt nicht getaugt oder wäre sehr dumm gewesen. Keines von des Kaisers Kleidern hatte jemals so viel Anklang gefunden.

«Aber er hat ja gar nichts an!» sagte

ein kleines Kind. «Herrgott, hört die Stimme des Unschuldigen!» sagte der Vater; und einer flüsterte es dem anderen zu, was das Kind gesagt hatte.

«Er hat nichts an, sagt da ein kleines Kind, er hat nichts an!» «Er hat ja nichts an!» rief zuletzt das ganze Volk.

Und den Kaiser schauderte es, denn er fand, sie hätten recht, aber er dachte nun: ‹Jetzt muß ich die Prozession durchhalten.› Und dann hielt er sich noch stolzer, und die Kammerherren gingen hintendrein und trugen die Schleppe, die gar nicht da war.

Christine Waidenschlager

SCHRITTMACHER DES SOZIALEN WANDELS

Fürs tägliche Leben sind wir gut versorgt. Das wurde wieder einmal augenfällig, als ich . . . auf den Balkon der Lenbachvilla trat und – mit Macke-Augen – Dutzende von Menschen betrachtete . . . Leuchtende und sanfte Farben, Schwarz, Beige und Weiß, machten Musik und die Figuren zu einem schönen Anblick. Die Leute haben gelernt, mit Farben umzugehen – eine relativ neue Errungenschaft.», schreibt Lore Wolff in der Süddeutschen Zeitung vom 4. / 5. Juli 1987. Vergegenwärtigt man sich dazu die Citybereiche und Fußgängerzonen bundesdeutscher Städte mit ihrer Unmenge von Bekleidungsgeschäften, angefangen von den Nobelboutiquen mit Designer-Kollektionen über die zahlreichen Niederlassungen von Ladenketten häufig italienischer Provenienz, die sich mit ihrem modischen Angebot zu erschwinglichen Preisen vorzugsweise an das junge Publikum wenden, bis hin zu den Kaufhäusern, so tritt hierin ein Demokratisierungsprozeß der Mode zutage, wie er nie zuvor existierte. Typisch für unser Jahrhundert, denn erst mit der allgemeinen politischen Demokratisierung konnte die Kleidung, die ja vor allem Statussymbol und Prestigeobjekt ist, also zum einen der persönlichen Selbstdarstellung dient, zum anderen aber auch Gruppenzugehörigkeit ausdrückt, eine solch umfangreiche Verbreitung in allen Schichten der Bevölkerung finden. Noch nie gab es eine so weitgehende Übereinstimmung von Kleidung und Mode. Die Möglichkeiten eines jeden, sich ganz nach seinem Geschmack, Gefühl und Bedürfnis «modisch» zu kleiden, sind größer denn je.

Technisch machbar wurde die modische Verallgemeinerung von einer äußerst effektiven Bekleidungsindustrie, die mit den Mitteln der Konfektion und der Textilwirtschaft in der Lage ist, innerhalb von Tagen und Wochen kontinuierlich die neuesten Trends auf den Markt zu werfen. Dies ist einmalig in der Geschichte, obwohl modische Erscheinungen durchaus kein Produkt unserer Zeit sind.

Die Entwicklung der Mode

Der Begriff der Mode, der sich aus dem Lateinischen «modus», also Art und Weise, aber auch Regel und Maßstab, ableitet, wurde im 17. Jahrhundert aus Frankreich übernommen. Diese begriffliche Bestimmung markiert sehr deutlich das Spannungsfeld, in dem sich Mode bewegt.

Es umfaßt zum einen die innere Wirkung, wie sich ein Mensch in seiner Kleidung fühlt und gibt, wie sie auf seine Persönlichkeit einwirkt; zum anderen die äußere Wirkung, die die Umwelt einem Menschen aufgrund seiner Kleidung entgegenbringt.

Typisch für die Mode ist gleichzeitig ihr Wechsel, doch kann man den kurzlebigen modischen Wandel, der für unsere Neuzeit charakteristisch ist, nicht für Urgesellschaften oder antike Hochkulturen annehmen, da deren historische Entwicklung in viel längeren Rhythmen verlief und sie daher eher zur Bildung von Dauerformen neigten. In Zeiten starker sozialer Konflikte allerdings änderte sich auch die Mode in einem viel schnelleren und stärkere Maß.

Auslöser für modisches Verhalten war sowohl der Wunsch, sich zu schmücken, zu verschönern, ebenso wie das Bedürfnis, sich vor den Unbilden des Klimas zu schützen.

Ein weiteres Agens, das formbildend wirkte, ist die Erotik, die gegenseitige geschlechtliche Anziehung, die in den immer variierenden Formen der Kleidung zum Ausdruck kommt. Es wird eine Gratwanderung zwischen sexuellen Wünschen, erotischer Anziehung und dem gesellschaftlich diktierten Schamgefühl initiiert. In der Kostümgeschichte wechselten sich so Phasen der völligen Verhüllung des Körpers mit denen einer mehr oder weniger großzügigen Entblößung oder Betonung bestimmter, als erogen angesehener Bereiche des menschlichen Körpers ab.

Schließlich und endlich forcierten die wirtschaftliche Entwicklung und die Errungenschaften der Technik neue modische Impulse und halfen, modische Trends umfassend zu verbreiten. Einen solchen Meilenstein bildete zum Beispiel die Erfindung des **Webstuhls** im Neolithikum, mit dessen Hilfe Kleidung aus Fell oder geflochtenen Fasern durch gewebte Kleidung verdrängt wurde. Ähnlich folgenreich war die Erfindung des mechanischen Webstuhls im 18. Jahrhundert, der die **Industrielle Revolution** beschleunigte, oder die Entwicklung der **Nähmaschine** im 19. Jahrhundert, die ausschlaggebend wurde für die Verbreitung der Konfektion im großen Stil. Im 20. Jahrhundert ermöglichte die Entwicklung der chemischen Faser eine unerhörte Ausweitung der Stoffproduktion, die wiederum die Voraussetzung für die Massenanfertigung von Kleidung schuf.

Lange Zeit war es nur einer kleinen Schicht der Gesellschaft, der Aristokratie, vorbehalten, sich mit Mode zu beschäftigen. Sie setzte modische Bewegungen in Gang, um ihre gesellschaftliche Stellung zu demonstrieren. Ausgehend von Italien, kam im 13. Jahrhundert mit dem entstehenden städtischen Bürgertum eine Kraft auf, die die Privilegien des Adels in Frage stellte und die sich, gestützt auf ihre wirtschaftliche Macht, das Recht nahm, den Adel und dessen modische Vorgaben zu imitieren. Dieser Ausdehnung des modischen Aktionsraumes wurde jedoch vom Adel und der Geistlichkeit nur zögernd stattgegeben. Die Kämpfe um die Kleidung lassen sich an den **Kleiderverordnungen** und Luxusgesetzen ablesen, mit denen versucht wurde, das Vorrücken des Bürgertums in diese Sphäre zu behindern. Daß dies nur in geringem Maße gelang, ist der Flut von Verordnungen, die Kleidung betreffend, zu entnehmen, die zu diesem Zweck erlassen wurde. Der Einfluß der Bürger auf die modischen Gestaltungsprozesse wurde immer größer. Die zunehmende Differenzierung der Bevölkerung in eine Stadtgesellschaft erforderte deren Unterscheidung und Abgrenzung, die durch die Kleidung in einem viel stärkeren Maß, als es heute der Fall ist, ermöglicht wurde. Kleider machten in der Tat Leute.

Noch hatte nur der Adel die Möglichkeit und Freiheit des modischen Wandels. In seinem Drang, sich selbst darzustellen, Macht und Status zu repräsentieren, betrieb er ungeheuren Luxus mit der Kleidung. Dazu bediente er sich sowohl auserlesener Stoffe als auch überspitzter Formen, die das Privileg, keiner praktischen Arbeit nachgehen zu müssen, zum Ausdruck brachten. Schwere lange Schleppen, überdimensional spitze Schuhe und Hüte, riesige Halskrausen oder die vielfältigen Formen von Reifrock und Korsett waren Inbegriffe eines extremen Modebewußtseins.

Kleiderordnungen wurden jedoch nicht negativ gesehen, sie erweckten vielmehr auch Stolz, der Ärzte, Professoren und Richter ihren Talar und Handwerker, Bäcker, Metzger, Zimmerleute selbstbewußt ihre **Standeskleidung** tragen ließ. Es bestand ein umfassendes Bedürfnis der Gruppenbildung und –abgrenzung. Aber auch Zwangsordnungen entstanden, um Henker, Verbrecher, Aussätzige und Prostituierte, kurz alle Randgruppen und Minderheiten, zu kennzeichnen. Henker wurden zum Beispiel zum Tragen eines roten Rockes genötigt, ihren Opfern eine Schandkleidung verordnet, und Dirnen mußten sich oft gelbe Bänder auf den Mantel nähen.

Kleiderordnungen waren sehr detailliert und bezogen sich auf alle Gruppen der Gesellschaft, angefangen vom Adel über die Bewohner von Burgen und Städten hin zu Kaufleuten, Handwerkern und Bauern, ja sogar das Zaumzeug der Pferde wurde erwähnt. Schnitt,

Farbe und Material wie Stoffe, Pelze, Schmuck und die zu verwendende Menge wurden aufgelistet. Hinter dem Wunsch, die Standesunterschiede zu verdeutlichen, standen aber auch immer merkantilistische Erwägungen, die zum Beispiel im Verbot ausländischer Stoffe ihren Niederschlag fanden.

Innerhalb dieser Reglementierungen hatte das Gros der städtischen Bevölkerung seine Kleidung seit dem 14. Jahrhundert, entsprechend seinen ökonomischen Verhältnissen, der herrschenden Mode soweit angepaßt und alle überspitzten Kapricen, den Erfordernissen der Arbeit gehorchend, weggelassen. Die Bauern trugen bis zum 15. Jahrhundert einfache Gewänder, die Männer Hemdkittel und Hosen, die Frauen einteilige Hemdkleider.

Erst im 16. Jahrhundert begann die bäuerliche Bevölkerung mit der Nachahmung modischer Strömungen. Die Gewänder des einfachen Volkes waren in Schnitt, Stoff und Farbe anspruchslos, sie wurden selbst gefertigt und gefärbt. Im Sommer verwandte man Leinen, im Winter Wolle. Eine der vorherrschenden Farben war das Blau, aus der Pflanze des Färberwaids, das auch in Deutschland angebaut wurde. Eine Tradition, die letztlich noch in den heutigen «Blaumännern», den Arbeitsanzügen und den Blue jeans nachwirkt.

1914

Revolution in der Männermode

Das bedeutendste Ereignis der modischen Entwicklung der Neuzeit war die Französische Revolution, die auch den modischen Privilegien der Aristokratie ein Ende bereitete und die Befreiung von Standesordnungen, Kleiderordnungen und Luxusgesetzen brachte. Aus der ständischen Gesellschaft wurde eine bürgerliche, anstelle der alten Klassenordnung trat jedoch eine Geschlechterordnung, die Mann und Frau aufgrund bestimmter charakterlicher Merkmale, die ihnen als naturgegeben zugeordnet wurden, unterschied. Demgemäß trennten sich auch beider Funktionen in der Gesellschaft, der Mann war für die Öffentlichkeit, den äußeren Bereich zuständig, die Frau für die häusliche Zurückgezogenheit, für die Intimität des Heims. Diese Unterscheidung zog natürlich eine modische Trennung nach sich.

Bereits seit etwa 1770 orientierte man sich in ganz Europa nicht mehr ausschließlich an den modischen Vorgaben des höfischen Frankreichs, sondern blickte nach England, wo sich im Zuge der Verbürgerlichung der Gesellschaft die Mode vom Herrschaftsanspruch des Königshauses getrennt hatte und – sich dem Geschmack des Bürgers anpassend – zu einfacheren Formen gefunden hatte. Unterstützt von einer Rückbesinnung auf die Natur, wandte man sich ab von Samt und Seide, von reichbestickten und broschierten Stoffen und bevorzugte einfache, gedeckte Wollstoffe. Der **Tuchrock** kam in Mode. Für den Bürger war es indiskutabel, die bunten, reichverzierten Gewänder des Adels zu tragen, die so sichtbar den Müßiggang demonstrierten. Als während der Französischen Revolution, beim Zusammentreffen der Nationalstände 1789, Geistlichkeit und Adel noch immer in Samt und Seide gekleidet auftraten, für die Abgeordneten des Dritten Standes jedoch ein einfacher schwarzer Tuchanzug angeordnet wurde, setzte die Nationalversammlung die seit Jahrhunderten gültigen Standestrachten ab und erhob den schwarzen Tuchrock zum Ehrenkleid des Bürgers. Später trugen die Jakobiner diesen schwarzen Rock, zusammen mit den **Pantalons**, den langen Hosen, die die Sansculotten, die «ohne Hosen», den Matrosen entlehnt hatten. So entstand das Gewand des Bürgers.

C. J. Flügel hat diesen Wandel in der Männermode treffend als den großen Verzicht bezeichnet: *«Die Männer verzichteten auf ihr Recht auf die glänzendsten, prunkvollsten, exzentrischsten und raffiniertesten Formen des Schmucks, traten es ganz und gar an die Frauen ab und machten so aus der männlichen Bekleidung eine der nüchternsten und schmucklosesten Angelegenheiten. Aus der Perspektive der Schneiderei wird man dieses Ereignis als den ‹Großen Verzicht› des männlichen Geschlechts betrachten müssen . . . Der Mann gab den Anspruch auf Schönheit auf und war nur noch darauf bedacht, praktisch zu sein.»*

Das Bürgertum, nun die gesellschaftlich bestimmende Klasse, ging mit Nachdruck und unaufhaltsam an die Realisierung seines Ideals, der Akkumulation von Geld mittels Arbeit. Die Arbeit rückte in das Zentrum des Interesses, sie war nicht mehr mit dem Makel behaftet, der sie bis dahin begleitet hatte. Der fleißige Bürger stand zu seiner Arbeit, sie zeichnete ihn aus, «adelte ihn», wie es bezeichnenderweise heißt. Mit Stolz trug er die Kleidung, die ihn als arbeitenden Menschen von den Aristokraten unterschied, einen einfachen Tuchanzug, vorwiegend in den Farben Schwarz, Grau oder Blau, nur das Weiß des Hemdkragens und der Krawatte lockerten das dunkle Bild auf. Die Linie der Herrenmode war so im großen und ganzen festgelegt. Eine Dreiteilung in lange Hose, Weste und Jacke, die bis heute noch gültig ist und sich nur in der Weite der Hose, der Größe des Revers und der mehr oder weniger taillierten Jacke dem modischen Wandel unterzieht. Auch die Strömungen in der ersten Hälfte des 19. Jahrhunderts, als eine sanfte Farbigkeit in der Herrenmode aufkam, ebenso wie weibliche Formen, Polsterungen und starke Taillierungen, konnten dies nicht aufhalten. Erst in jüngster Zeit, durch veränderte gesellschaftliche Ansprüche, hat wieder ein Wandel eingesetzt hin zu weniger strengen Formen, zu mehr Farbe, zu ungewöhnlicheren Materialien. Die Tendenz, Vorbilder aus der Arbeitswelt aufzunehmen, hat zugenommen. Wie selbstverständlich sind heute die Blue jeans der Goldgräber oder die Lumberjacks und karierten Hemden der Holzfäller. Auch die Banker sind heute nicht mehr ausschließlich an das reinweiße Hemd gebunden, im Gegenteil, es zeugt von Geschmack, Streifen und Muster in diese bisher unantastbare Domäne einziehen zu lassen.

«Cul de Crin» oder Chemisenkleid

Auch die Frauenmode wurde im letzten Viertel des 18. Jahrhunderts von den englischen Vorbildern beeinflußt. Es setzte sich einfachere Kleidung bei den Négligés, den im Gegensatz zur heutigen Auffassung nicht für die große Hofrobe bestimmten Kleidungsstücken, durch. Einen völligen Verzicht auf den **Reifrock**, wie in England, ließ man in Frankreich allerdings nicht zu. Den Kompromiß bildete der halbe Reifrock, der nur bis zum Knie ging. In den achtziger Jahren trugen die Frauen in Paris einen «**Cul de crin**», ein Polster, das den Rock nur noch über dem Gesäß bauschte. Auch Anleihen bei der bürgerlichen Mode wurden gemacht. Brusttücher, die Fichus, Schürzen und kurze Jacken, Caracos genannt, hielten ihren Einzug in die Mode. Annektiert wurden auch Gilet, Halstuch, Zopf und Haarbeutel der männlichen Mode, die sich der Gunst vor allem der Reiterinnen erfreuten. Die **Korsetts** wurden nicht mehr so eng geschnürt, die Ausschnitte wurden kleiner und die Ärmel eng anliegend und lang. Ihre patriotische Gesinnung drückten Frauen ebenso wie die Männer durch das Tragen der blau-weiß-roten Kokarde, der Jakobinermütze oder einer Schärpe in den Nationalfarben aus.

Es waren die Jahre 1789 bis 1795, in denen sich die Frauen nicht nur auf dem Gebiet der Mode von althergebrachten Formen trennten. Sie dienten gleichzeitig als Freiwillige in der Armee, Frauenvereine wurden gegründet, und allgemein wurde der Ruf nach Gleichberechtigung und dem Wahlrecht laut. Doch eine von männlicher Allmacht geprägte Gesellschaft konnte diesem Vorstoß der Frauen nicht nachgeben. 1795 erfolgte das Verbot der Teilnahme von Frauen an politischen Versammlungen. Dies bedeutete das Ende der emanzipatorischen Bestrebungen der Frauen während der Französischen Revolution.

Genau zu diesem Zeitpunkt kam die ausgeprägteste Form der **Chemisenkleider** auf. Es waren einteilige, wie Hemden geschnittene Kleider aus feinem, fast transparentem Stoff, wie Musselin, mit einer hohen Taille, die sich unterhalb der Brust befand, von da fiel der Rock lang und glatt zu Boden. Nicht nur in Frankreich, auch in anderen Ländern Europas fand dieses Gewand, das von den Kleidern der Antike inspiriert war, begeisterte Anhängerinnen. Königin Luise von Preußen wurde sofort eine der überzeugtesten Trägerinnen des neuen Kleides, das den Frauen erstmals seit langer Zeit die völlige Befreiung von Reifen, Gestellen und dem Korsett gebracht hatte. Meist wurde nur ein fleischfarbenes Trikot darunter getragen. Ein weiter Ausschnitt sowie kurze Ärmel, die gerade die Schultern bedeckten, vervollständigten das Bild. Diese Kleider, die das Leben der Frauen für kurze Zeit nachhaltig bestimmt hatten, waren zwar subjektiv eine Befreiung, wurden jedoch objektiv in dem Moment modern, in dem sich die Frau aller Möglichkeiten einer aktiven Teilnahme an der Gesellschaft beraubt sah. Nur noch die Mode mit ihren Torheiten wurde ihr als Gebiet der Selbstverwirklichung zugestanden.

Krinoline und Tournure

Nach und nach nahm der Einfluß des antiken Vorbilds ab, historische Bezüge, vor allem eine Rückbesinnung auf das Mittelalter, machten sich stilistisch bemerkbar. 1804 trugen die Frauen anläßlich der Krönungsfeierlichkeiten Napoleons I. große hochstehende Spitzenkrägen und kleine Puffärmel, die an das 16. Jahrhundert erinnerten. Auf die Zeit der völligen Enthüllung folgte die vollständige Verhüllung, die Ausschnitte verkleinerten sich, bis sie zuletzt den Hals fest umschlossen. Der Rock wurde glockig und steif, die Ärmel lang und anliegend, die Frauen schienen in Säcken zu stecken, die am Hals zugenäht waren.

Mit der Zeit der **Romantik** und des **Biedermeier** erfolgt die völlige Bindung der Frau an Heim und Herd, die eine Verinnerlichung des Lebensgefühls mit sich brachte. Dem entsprach die Frau in ihrer äußeren Erscheinung, sie war lieblich und zart, engelhaft und schamhaft zugleich. Die wieder geschnürte Taille war auf ihren angestammten Platz gerutscht, der zierliche Oberkörper wurde von schmetterlingshaften riesigen Ärmeln, den Schinken- oder Keulenärmeln, umrahmt, der Rock war leicht gebauscht. Von nun an übernahm einzig und allein die bürgerliche Frau die Funktion des Repräsentierens. Während sich der Mann der Arbeit verschrieben hatte, mußte seine Frau den ostentativen Müßiggang pflegen und die Reichtümer zur Schau stellen, die er angehäuft hatte. Mehr und mehr glich sie einem Vogel, der im goldenen Käfig der **Krinoline** gefangen war, jenem Reifrock, der um 1850 in Mode kam, einmal kreisrund, dann wieder elliptisch war und über dessen Rand sie kaum hinauslangen konnte. Stellt man sich die Unbequemlichkeit vor, die die Krinoline ihrer Trägerin verursacht haben muß, so erscheint die nächste große Welle der Mode bereits viel zeitgenössischer und passender. Es ist die

Metallgestell einer Krinoline, ca. 1856

Tournure, die von 1870 bis etwa 1890 die weibliche Linie bestimmen sollte. Wie schon die Krinoline, war auch die Tournure ein Rückgriff auf die Moden des 18. Jahrhunderts und betonte, wie um 1790 der Cul de Crin, das Gesäß, über dem sie sich üppig bauschte. Ein enggeschnürtes Korsett drängte die Brust nach oben, während die Stoffmassen in großzügiger Drapierung quer über den Rock liefen, um sich hinten zu raffen. Die Grazilität und Schlichtheit der weiblichen Erscheinung, wie sie noch für die Spätromantik typisch war, wich opulenter Fülle und übertriebenen Auffälligkeiten. Es ist der gesteigerte Versuch, durch Übertreibungen den soeben erreichten Wohlstand zu demonstrieren. Eine Mode im «Tapezierstil». Die schweren Seidenstoffe, die man verwendete, ähnelten denen von Raumausstattungen und die Fältelungen den Draperien der Wandverkleidungen und Vorhänge, die die Salons der Gründerzeit schmückten.

Sowohl an der Verbreitung der Krinoline als auch der Tournure war **Charles Frederick Worth** maßgeblich beteiligt gewesen. 1858 hatte er seinen Modesalon in Paris eröffnet. Er gilt letztlich als der Gründer der **Haute Couture**, der industrialisierten Form des Schneiderhandwerks, die die modebildenden Funktionen des Adels übernahm, da das Bürgertum nicht in der Lage war, selbst stilbildend zu wirken. Worth steht an erster Stelle einer langen Reihe

1858

klangvoller Namen von Modeschöpfern.

Erst um 1890 wurde die Silhouette der Frau schlanker, höher, gestreckter. Es verschwanden endgültig Krinoline und Tournure und mit ihnen all die üppigen Draperien, Quer- und Längsfältelungen und gerafften und gebauschten Partien. Der Umfang wurde schmal, der Rock lag auf der Hüfte auf und fiel glatt herunter, ohne irgendwelche künstlichen Unterbauten. Mit der neuen Rockform entfielen die zahlreichen Unterröcke, bis auf einen. Diesem allerdings kam die Aufgabe zu, den allmählich immer weiter werdenden Glockenrock zu stützen, und so wurde er vom Knie abwärts mit unzähligen Rüschen und Volants versehen, die aus steifen Materialien wie Taft gearbeitet waren, um dem Rock, dessen Futter ebenfalls mit Rüschen dicht besetzt war, den gewünschten Stand zu verleihen. So entstand beim Gehen das vielzitierte **«Frou-Frou»**, das Knistern der sich aneinander reibenden Seiden, das zum Inbegriff der erotischen Vorstellungen dieser Zeit wurde, einer Zeit, deren ambivalente Moralvorstellungen sich auch an der Mode ablesen lassen. Die Frauen erschienen verhüllt, von Stoff bedeckt, von der Kinnspitze bis zum Fußboden. Der Hals war umschlossen von einem Stehkragen, dessen Steifheit von Fischbeinstäbchen gestützt wurde, und die Röcke waren nicht nur hinten mit einer Schleppe versehen, sondern schleppten auch vorn

über den Boden. Die Füße, mit denen sie auf der Erde stand, schienen
nicht zu existieren. Doch die
strenge Verhüllung von Hals und
Dekolleté war meist aus zarter
Spitze gearbeitet, die mehr erahnen
ließ, als sie verbarg, und um mit
den engen langen Röcken und Kleidern gehen zu können, mußten sie
angehoben werden, Anlaß genug,
um kokett-raffiniert bestrumpfte
Beine in Stiefeletten oder bisweilen
auch schon Halbschuhen zu zeigen.

Für und wider das Korsett

Durch den Verzicht auf künstliche
Rockaufbauten hatte die Mode
zwar zu einer zeitgemäßeren Form
gefunden, das Korsett aber schien
nach wie vor unabkömmlich, denn
eine schlanke Taille galt immer noch
als erstrebenswertestes Merkmal
weiblicher Schönheit und Eleganz.
Gerade mit der Hinwendung zum
schmalen Rock wurde sie nochmals
überbetont, und Weiten von weniger als 55 Zentimeter waren um

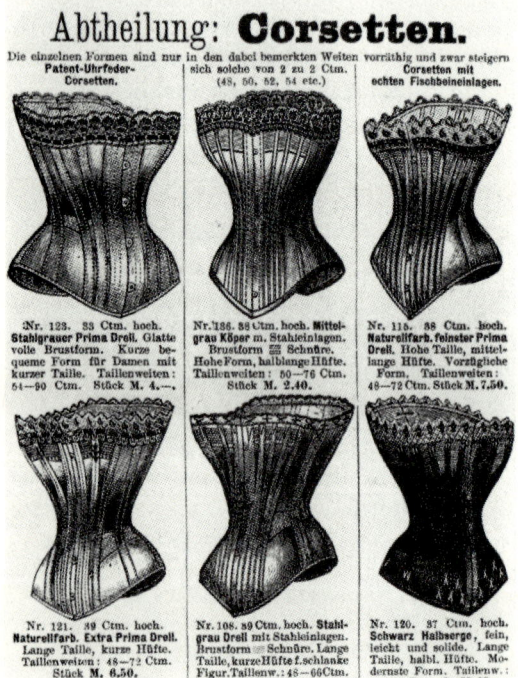

1891

1890 keine Seltenheit. Allerdings erfuhr das Korsett um 1900 eine weitere Veränderung, die den Körper der Frau letztlich noch stärker deformierte. Es entwickelte sich das **«sansventre»** Korsett, das Korsett «ohne Bauch» oder auch «Gerade-Front»-Korsett. Die Namen verdeutlichen am besten die erzielte Wirkung. Der Oberkörper wurde weit nach vorn geschoben, Bauch und Becken durch das verlängerte Korsett zurückgedrängt und das Gesäß damit stark betont. Der Körper erschien, von der Seite betrachtet, **S-förmig,** eine fließende homogene Linie, die durchaus dem Zeitgeist entsprach.

Proteste gegen die gesundheitsschädigende Wirkung des Korsetts gab es seit langem von seiten der Mediziner, aber auch der Frauenbewegung. Doch erst jetzt schien die Zeit reif zu sein für eine neue Mode ohne Korsett, die der veränderten gesellschaftlichen Stellung der Frau entsprach. In ihren Bemühungen um eine Verbesserung des Frauenkleides lassen sich zwei große Strömungen unterscheiden: die von den Reformern und den Vertreterinnen der Frauenbewegung entwickelten «asketischen» **Reformkleider,** die sich durch praktische Eigenschaften auszeichneten, deren künstlerischen Qualitäten man allerdings kaum Bedeutung beimaß, und den «ästhetischen» Kleidern, die von einer Reihe von Künstlern, mit **Henry van de Velde** an der Spitze, entworfen wurden. In ihren Bemühungen um sowohl hygienisch als auch ästhetisch ansprechende Lösungen, legten sie besonderen Wert auf Sachlichkeit, die die Konstruktion der Kleider sichtbar machen sollte, und verzichteten auf überflüssigen Aufputz. Beiden Strömungen war wenig Erfolg beschieden. Der ersteren, weil ihre Gewänder zu unattraktiv waren, letzterer, weil sie in ihrer Exklusivität doch nur eine sehr kleine Gruppe künstlerisch ambitionierter Frauen ansprach. Auch die Haute Couture setzte sich mit dem Reformkleid auseinander.

Paul Poiret, einer der profiliertesten Modeschöpfer des neuen Jahrhunderts, kreierte vor dem Ersten Weltkrieg wunderbar luxuriöse Gewänder, die an die Chemisenkleider des Klassizismus erinnerten, mit hochgerutschter Taille und vereinfachtem Schnitt, der vom japanischen Kimono herrührte und auf ein Korsett verzichten konnte.

Den Anforderungen einer zweckmäßigen Tageskleidung kam seit etwa 1890 des **Tailor-made,** das aus England importierte Schneiderkostüm nach. Versehen mit der Bluse, die sich parallel dazu entwickelte, war es in seiner praktischen und unprätentiösen Form ein Kleidungsstück für immer mehr erwerbstätige Frauen. Sein Schnitt sowie die einfachere Ausstattung förderten seine **Konfektionierung,** und so steht es am Anfang der gewaltigen Demokratisierung, die unser Jahrhundert kennzeichnet.

1914

«Traumgestalte» Ahnungen

Die grundlegenden Veränderungen
jedoch, die die Frauenkleidung im
20. Jahrhundert erfahren sollte, kam
von einer ganz anderen Seite. Es
war der Sport und die immer stärker werdende Resonanz, die er allmählich bei allen Bevölkerungs-
schichten erfuhr, die sozusagen ein
Hintertürchen offen hielt für die
Verbesserung des Frauenkleides.
Vor allem der Radsport war rich-
tungsweisend, waren doch extra

dafür schon vor der Jahrhundertwende Pumphosen für Frauen und Mädchen eingeführt worden. Neben dem Radfahren waren Tennisspielen, Bergsteigen und natürlich Autofahren en vogue, wenn sie auch vorerst nur einem kleinen Teil der Bevölkerung vorbehalten waren, so brachten sie doch nützliche Dinge mit sich wie Sportschuhe, Halbschuhe, Auto-, Staub- und Regenmäntel.

«In diesen Hallen (den Passagen) nahm das Weib seine verführerischste Gestalt an: nämlich als Radfahrerin. So steht sie auf den damaligen Plakaten ... Das Kostüm der Radlerin als frühe und unbewußte Vorform der Sportkleidung entspricht den traumgestalten Vorformen, wie sie, ein wenig früher oder später, für die Fabrik oder das Auto aufkamen ... so ringt in der Kleidung der Radlerin der sportliche Ausdruck noch mit einem überkommenen Idealbild der Eleganz, und der Ertrag dieses Ringens ist der verbissene sadistische Einschlag, der es für die Männerwelt dieser Jahre so unvergleichlich provokatorisch machte.» So beschrieb Walter Benjamin die Radlerin im Paris der Jahrhundertwende. Die sportliche Betätigung brachte nicht nur Veränderungen in der Kleidung, sie wirkte auch auf den Menschen. Licht, Luft und Sonne erfuhren eine neue Wertung, plötzlich wurde die gebräunte Haut modern, der man den Aufenthalt im Freien ansah. Ein neues Körpergefühl entstand, das den muskulösen, sportlich trainierten Körper in den Mittelpunkt stellte. Es veränderte sich auch das Gefühl zum nackten Körper, der plötzlich natürlich erschien. Dies läßt sich an den Bademoden verfolgen, die innerhalb von hundert Jahren den spektakulären Sprung von der umfassenden Verhüllung des Körpers zur vollständigen Nacktheit vollzogen. Noch um 1890 waren Tunika und Pluderhosen über einem «Corset de Bain» sowie schwarze Strümpfe und Espadrilles für die sportliche Dame an vornehmen Stränden Pflicht. Bereits um 1900 jedoch ließ der inzwischen knielange und ärmellose Badeanzug die weibliche Figur erahnen, um dann 1920 einteilig und knapp anliegend zu sein, wie der Badeanzug der Herren, denn jetzt wurde nicht mehr gebadet, sondern geschwommen. Bereits 1930 wurden zweiteilige Badeanzüge eingeführt, die 1947 vom knapperen Bikini abgelöst wurden. 1965 kam der Monokini auf, der nur noch aus der Hose besteht, und heute kann nackt gebadet werden, vom Wannseestrand über die Isarauen bis zur Adria.

«Haute Couture» und «von der Stange»

Der Erste Weltkrieg brachte den endgültigen Wandel der Frauenkleidung. Nun benötigte man die Frauen in allen Bereichen. Vor allem nach 1916 fand man Frauen in Berufen, die bisher eher den Männern vorbehalten waren, in den Fabriken, vor allem den Munitionsfabriken, dem Post- und Telegrafenwesen und in der Krankenversorgung, um nur einige Bereiche zu nennen. Im Jahr 1918, mit der Gründung der Weimarer Republik, konnte dann endlich das lang ersehnte und umkämpfte Frauenwahlrecht und somit die politische Gleichberechtigung erlangt werden. Im Besitz dieser Grundrechte und im Besitz eines neuen Selbstbewußtseins konnten Frauen nun darangehen, ihre Kleidung dem neuen Selbstverständnis anzupassen. Das Korsett wurde abgelegt, die Röcke immer kürzer, die Kleiderschnitte gerade, aller unwesentliche Aufputz fiel weg, Sinn für das Praktische, das Wesentliche stand im Vordergrund. In den zwanziger Jahren mündeten diese Strömungen in der «**Garçonne**», dem Inbegriff der jungen, knabenhaft schlanken Frau, die mit Vorliebe gerade geschnittene Kleider und Röcke trug, letztere kombiniert mit einem langen geraden Jumper, dem Vorläufer des Pullovers, der ja bis heute nicht aus der Mode wegzudenken ist. Bubikopf und Topfhut ergänzten das Bild der modernen Frau, um das sich vor allem **Gabrielle «Coco» Chanel** verdient gemacht hat, mit ihren zeitgemäßen zweiteiligen Kostümen und, nicht zu vergessen, dem berühmten «Kleinen Schwarzen». Ein Kleid schien ihr nur dann gelungen, wenn es bequem war. Sie verwandte erstmalig Jersey- und Tweedstoffe, die von der Haute Couture bis dahin nicht genutzt worden waren. Schon gegen Ende der zwanziger Jahre waren die sachlichen Tendenzen der Kleidung wieder rückläufig, eine neue sanfte Weiblichkeit wurde verkündet, mit schmaler Taille und schwingenden Linien, die bereits den Stil der fünfziger Jahre vorwegnahmen, jedoch vorerst durch den Zweiten Weltkrieg und die mit ihm einherziehende «Vermännlichung» aufgehalten wurde. Bereits 1947 trat

1928

Couture, die riesige Umsätze verbuchen konnte. Nach dem Tod zweier ihrer bedeutendsten Vertreter, **Jacques Fath** 1954 und Christian Dior 1957, mußte sich jedoch auch Paris eingestehen, daß die Zeiten der exklusiven Mode für einen kleinen Kreis endgültig vorbei waren. Es wurden die ersten **Prêt-à-porter**-Boutiquen eingerichtet und Verträge mit Kaufhäusern geschlossen, zum Verkauf von Haute Couture «von der Stange». Die «swinging sixties» oder «Revolutionaries» brachten dann in der Tat Revolutio-

1934

Coco Chanel,
ca. 1935

Christian Dior mit einer völlig neuen Linie an die Öffentlichkeit. Der «**New Look**», wie er von der amerikanischen Vogue sofort euphorisch genannt wurde, brachte die Wespentaille wieder und mit ihr das Korselett, wie man diese zeitgenössische Form des Korsetts bezeichnete. Zwei Richtungen wurden entwickelt, die enganliegenden **Fourreaux-Kleider** und die **Corolle-Linie**, mit anliegenden Oberteilen und weitschwingenden Röcken, die an die Hofkleider des 18. Jahrhunderts und die Krinoline des 19. Jahrhunderts erinnerten. Wie damals belegten sie aufs beste den wirtschaftlichen Aufschwung der Nachkriegszeit. Es waren noch einmal «Hoch»-Zeiten für die Haute

näres, den **Minirock**, lanciert von **Mary Quant**; und endgültig die Hose für die Frau. Sie erreichte eine solche Selbstverständlichkeit, daß sie sogar in die Abendmode Einzug hielt. Ganz zu schweigen vom Weltraumlook, dem Transparentlook, der Oben-ohne-Mode und den utopischen Kreationen von **Paco Rabanne**, Kreationen aus Plastikrauten. Wie schon das Ideal der zwanziger Jahre, die junge, sportlich-schlanke Frau, waren auch diese jüngsten Entwicklungen der Bekleidung sichtbarer Ausdruck für die große Umwälzung, die die Mode im zwanzigsten Jahrhundert erfuhr. Diese Verlagerung, die keine klassenspezifische mehr war, sondern sich auf die Altersgruppen bezog, wurde vor allem nach dem Zweiten Weltkrieg deutlich, als eine enttäuschte Jugend ihre Protesthaltung immer häufiger in Jugendbewegungen formulierte. Es begann mit den Beatniks und Halbstarken der fünfziger Jahre, führte über Hippies und Studentenbewegung in den Sechzigern zum Punk der siebziger Jahre, der nun seit zehn Jahren die Erscheinung vieler Jugendlicher vor allem in den Großstädten prägt. Gleichzeitig hat das Exzentrische dieser Bewegungen auch die modischen Bereiche sichtbar erfaßt, ja sie wurden teilweise völlig vermarktet, so daß heute biedere Hausfrauen mit ihren Wetgel-steifen Haaren und blauen und grünen Strähnen zum Alltagsbild der Städte gehören.

Trotz des ständigen Wechsels und auch der Vielzahl dessen, was heute an Modischem möglich ist, wird die weibliche Silhouette seit etwa zehn Jahren von breiten Schultern und leger geschnittenen Kleidern, Jacken und Mänteln geprägt, die Ausdruck sind für das neue Selbstbewußtsein der berufstätigen Frau, und es bleibt abzuwarten, ob sich die neue Betonung der Taille, dieses Revival des New Look, durchsetzen wird. Gleichzeitig verändert sich die Herrenmode stärker denn je, greift Elemente der Frauenmode auf, sogar Röcke und Hemdkleider für Herren werden bisweilen gesehen. Bringt also die Zukunft die Veränderungen, die einen Neuen Stil beinhalten?

New Look von Dior.

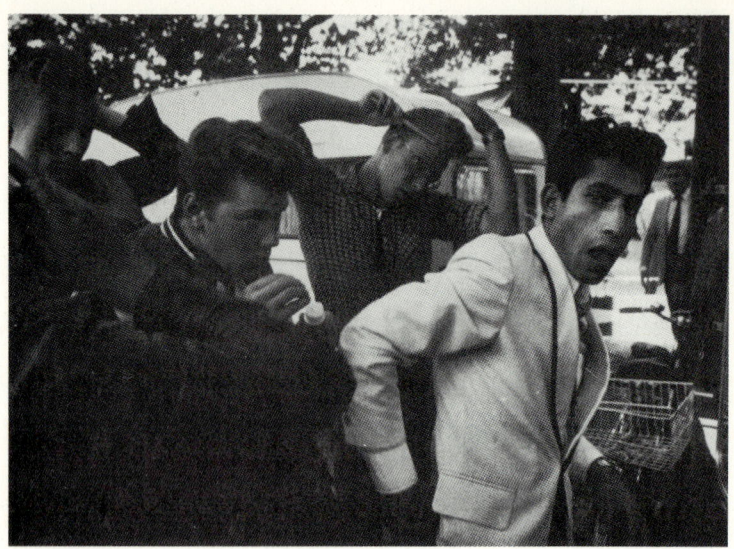

Halbstarke

Literatur

Anziehungskräfte. Varieté de la Mode 1786–1986. Ausstellungskatalog des Münchner Stadtmuseums 1986/87

Walter Benjamin: Gesammelte Schriften, Band V. 1, Das Passagen Werk, Erster Teil, Frankfurt 1982

Drüber und Drunter. Wiener Damenmode von 1900–1914. Katalog der Sonderausstellung des Historischen Museums der Stadt Wien 1987/88

René König; Peter Schupisser: Die Mode in der menschlichen Gesellschaft. Zürich 1958

Ingrid Loschek: Mode im 20. Jahrhundert. 2. Auflage München 1984

Erika Thiel: Geschichte des Kostüms. Die europäische Mode von den Anfängen bis zur Gegenwart. 4. und überarbeitete Auflage. Berlin DDR 1987

Süddeutsche Zeitung vom 4./5. Juli 1987

Gabrielle Wittkopf-Ménardeau: Unsere Kleidung. Aus der Geschichte der Mode bis zum Jahr 1939. Frankfurt 1985

Jürgen Stark

DER LEERE
EINE HÜLLE

«Denn kein Ding entsteht, noch vergeht es, sondern es mischt sich aus bereits vorhandenen Dingen oder zerschneidet sie wieder.»

Anaxagoras, Die Bewegung

Die griechische Mythologie bringt es auf den Punkt: Helden und Menschen. Dazwischen gar nichts. Der Mensch der Neuzeit liegt träge in der Hängematte, die zwischen zwei Stühlen Befestigung findet. Er wartet auf die Strömung, in der Hoffnung, daß sie aufregendes Strandgut vor seine Füße spült. Tiefseeforscher haben herausgefunden, daß es gerade den kleinsten Fischen nützt, wenn sie gegen eine starke Strömung schwimmen; ein starker Strom enthält Lebewesen kleinster Art, die zur Nahrung taugen, Sauerstoff in rauhen Mengen. Der Bourgeois im zwanzigsten Jahrhundert ist mit seinem kalten Lächeln nicht mehr ganz Mensch, mit seinem feinen Zwirn aber lange noch kein Held. Er findet trotzdem Beachtung. Er taugt sogar zur Nachahmung. Wer ganz vorn in der Strömung schwimmt, der hat die Chance, fette Beute zu machen, den anderen die dicksten Brocken weg-

zuschnappen – wer sich dabei zu weit hinauswagt, dem droht allerdings die Gefahr, von einem kräftigen Stoß gepackt zu werden und sein Ende in aller Wucht auf einem zackigen Riff zu finden.

Mythen und starke Signale leben in Hüllen. Sie sind käufliche Drogen in einer rationalen, heldenlosen Gesellschaft. Die fossilen Nicht-Individuen greifen auf ein Signal hin zur aktuellen Hülle. Sie fühlen sich wohl in einer materialistischen Welt ohne Helden. Dennoch glauben sie an Götter.

Markus Peichl ist ein Wiener Puderarsch. Als ich ihn kennenlernte, hatte er gerade auf dem Sessel des Chefredakteurs Platz genommen. Heft Zwo von «Tempo» war auf dem Markt und ihm der Stuhl zu hart. «In Wien, da hat man Stil, wenn ich da ins Caféhaus gehe, da weiß der Ober gleich, wie er mich zu behandeln hat. Aber hier in Hamburg, also die Kaffeehäuser fehlen mir doch sehr.» Sein Einstieg in den Fachhandel für sogenannten Zeitgeist hat sich wohl gelohnt. Als ich ihn wiedersah, wie er an einer French Can Can-Show auf Hamburgs Domfest vorbeidefilierte, folgte ihm eine gut verpackte Zeit-geist-Armada aus schlauen Scheitel-Weibern. «Was vor Wochen noch im Jutesack und auf Bastlatschen her-umlief, kommt jetzt auf Pumps da-hergestöckelt», seufzte unlängst «Szene Hamburg»-Verleger Klaus Heidorn mit Blick auf die hoch-glanzpolierte Konkurrenz. «Der Mensch ist ein Produkt, Produkte gehören verpackt», rieten Werber schon immer. Nun ist es soweit, al-les wird verpackt. Der Hüllenmarkt blüht und schleudert die Trendsi-gnale ins Volk. Wie Karpfen im Kaufhausaquarium schnappen die Kunden nach der Mode-Luft. Wozu braucht der Mensch Mode? Was ist Mode? «Kaum erdacht – schon Trend», riefen Londoner Kult-Gangster, als sie den Strö-mungs-Punk Ende der heavy se-venties erfanden. «Wir sind dabei», rief der «stern» und finanzierte Ra-sierklingen und Sicherheitsnadeln für eine Fotosession in Restberlin. Für einen dick aufgemotzten Arti-kel posierten ein paar völlig harm-lose Jungs und Mädels, die mangels Englischkenntnissen die wütenden und tobenden Texte der Punk-Rock-Bands nicht verstanden. Ein Mädel dieser Hochglanzmoden-schau steht jetzt regelmäßig bei den Off Line-Modeveranstaltungen hinter einem durchgestylten Tape-ziertisch und verkauft amerikani-sche Illuisonshüllen in Form von grünen Plastik-Dreiecken, die sich die Frau von heute neben ihren ra-sierten Nacken ans Ohr hängen

kann. Im Angebot finden sich auch bunt schimmernde, regenbogenfar-bene Einkaufstaschen in Kunst-leder.

Heute läuft der Sohn von Minister-präsident Ernst Albrecht (sehr zum Ärger der Toten Hosen) mit grün gefärbtem Wirrhaar herum und be-hauptet, er sei Punk. Es ist soweit: Jeder Bankangestellte kommt mit schrillen Strähnen im Haar ins Office, und keiner lacht. Ein Street-worker, der was auf sich hält, trägt längst Iro. Mode ist Gleichklang und Pseudomythos für Nicht-Indi-viduen.

«Nichts allzusehr» und «Erkenne dich selbst» sind zwei der Sinnsprü-che, die griechischen Weisen der Antike zugeschrieben werden. Die klugen Aphorismen sollen dereinst auch in den Mauern des Apollon-tempels zu Delphi eingemeißelt ge-wesen sein. Man könnte sie heute per Himmelsschreiber in den Wind malen, und doch würde es keiner begreifen, in welchem Maße sich Kultur und Zivilisation längst stromlinienförmig entwickeln. Das Ende naht. Hippies sind heute ge-pflegt und chic. Die New-Age-Mode offeriert alternative Massage-dienste; da lassen sich frustrierte Oberstufenlehrerinnen von bärti-gen Glasperlenträgern ins Nirwana kneten. Immer mehr Yuppies ent-decken die entspannenden Vorzüge der blubbernden Sphärenmusik fürs neue Zeitalter. Und besonders hier, in der New-Age-Szenerie, ist der Anteil an Nicht-Individuen mit teils

seltsamer Verhüllung besonders groß.

Aber auch die alternativen Modemacher sind äußerst komisch, zum Beispiel dann, wenn sie mal so richtig undergroundmäßig auftrumpfen wollen und fürs Gastspiel in Hamburg die Ledernacken ins Musikprogramm setzen. Da kann man dann zum Auftakt der Off Line richtiges Gebrüll hinter den Kulissen vernehmen, während die Musikanten völlig uncharmant die Kabine zum Trümmerfeld umstylen. Das Hüllen-Publikum trat währenddessen nervös von einem Pumps auf den anderen – es ist nicht leicht für smarte Nicht-Individuen, auf so starke Reize wie Schreien, Schimpfen und Stühle-Rücken zu reagieren.

Schönheit hat etwas Heroisches.

In diesen Tagen geht nun aber die fünfhunderttausendste Armani-Jacke mit T-Shirt über den Ladentisch. Willi Müller möchte wie Don Johnson aussehen und kauft deshalb diesen Konfektionsschrott. Abends kann er mit aufgekrempelten Anzugjackenärmeln in der Dorfdisco neben hundert anderen Armani- und T-Shirt-Trägern so tun, als sei er etwas. Jedes Sandkorn hat mehr Geschichte und Bedeutung als die weltweiten Don-Johnson-Verschnitte.

Ach, gehn Sie mir doch mit Aufputz-Lagerfeld.

Christina Klette

VERSCHLUSS–
SACHE

Verschlüsse haben eine erotische Komponente an einem Kleidungsstück, welches geschickt verhüllt und die Phantasie herausfordert. Der Reißverschluß scheint da einen besonderen Stand zu haben, denn er verspricht raschere Befriedigung der erotischen Neugier. Man denke sich ein knielanges, figurbetontes Kleid mit rückwärtigem Reißverschluß vom Ausschnitt bis hinunter zum Saum und, im Vergleich dazu, dasselbe Kleid, versehen mit großen runden Knöpfen. Die Handhabbarkeit des Zippers scheint erotische Phantasien zu beflügeln. Ebenso herausfordernd stellt sich die Szene im Lewis-Jeans-Spot dar, in der der knackige Jüngling seinen Hosenschlitz öffnet, die Röhre abstreift, um sie dann in die Wäschetrommel zu werfen.

Von Knoten
und Verschlingungen

Am Anfang war die Haut. Da wurde noch nichts geknöpft, geschlungen, geklemmt, geklettet, genietet, geknotet, gefibelt oder geschnallt.

Dennoch reicht der Beginn zahlreicher Verschlingungen und Knotungen mit gewebten Gürteln aus Baumwolle, Wolle oder Flachs circa 5000 Jahre zurück. Die alten Ägypter hielten ihre sparsame Kleidung, Männer wie Frauen, mit farbigen Schärpen und Gürteln aus Tuch zusammen. Ein Fund aber beweist, daß es um 2500 vor unserer Zeit einem kleinen, wenig verzierten, grün glasierten **Knopf** gelungen sein muß, sich an ein Gewand heranzumachen. Seither wurde geknöpft, wenn auch noch sehr lange zur bloßen Verzierung. So fand man in Ägypten Knöpfe aus Bein mit Reliefprägung, aus geschwärztem Kalkstein, Ton, glasiertem Porzellan und Goldblech.

Als die Perser, Hebräer und Kreter noch in der Taille schnürten, rafften die Griechen ihren faltenreichen, bodenlangen Chiton (Untergewand) und den Himation (Überwurf) auf der rechten Schulter mit einer **Fibel** zusammen. Diese Fibel, eine einfache, mit der Sicherheitsnadel vergleichbare **Gewandklammer**, später eine opulent verzierte **Spange**, ist eines der ältesten Schmuckstücke und Gewandschließen zugleich. Ab dem 7. Jahrhundert vor unserer Zeit kannten die Griechen halbkreisförmige Kahn-, Platten-, Drachen- und Bogenfibeln. Der um den Körper geschlungene Doppelchiton wurde sogar auf beiden Schultern gefibelt und doppelt gegürtet. Ob das Ausdruck besonderer Keuschheit war? Schließ-

lich durften sich nur Tänzerinnen und Hetären ungegürtet zeigen. Bis ins hohe Mittelalter blieb der Gurt Symbol für Moral und Würde. «Zweifelhaften Frauen» wurde das Tragen eines **Gürtels** mancherorts per Kleiderordnung untersagt. Auch die Griechen blieben von den Knöpfen nicht verschont. Am fülligen, nahtlosen Baumwollgewand schlitzten sie keck den halblangen Ärmel auf der Oberseite, um ihn mit drei bis fünf Knöpfen, halb so groß wie ein Pfennigstück, zu schließen. Knöpfe durch den gegenüberliegenden Stoff hindurchzustecken war keineswegs selbstverständlich. Häufiger schlüpften sie durch Schlaufen. Der griechische Schuh erlebte regelrechte Knöpforgien. Seit 600 vor unserer Zeit wurde an Ledersandalen geknöpft und geschnallt. Da blitzten kleine flache Metallknöpfe und goldene, juwelengeschmückte **Schnallen** oder Ringe an den luftigen Schuhen der Amazonen und Krieger. Stangenknöpfe, den Knebelverschlüssen ähnlich, wurden in Troja gleich paarweise verwendet.

Weil die Römer den Griechen alles nachäfften, fibelte und gürtete die schicke Römerin ihre wollene oder seidene Palla ebenfalls. Der römische Herr verstand sich eher auf das kunstvolle Legen seiner Toga aus weißer Wolle. Dieser Mantel, dessen Faltenmassen kaum zu bändigen waren, bestand aus einem Stück Stoff von fünfzehn Quadratmetern. Die Paenula, ein kurzer, hinten spitz

Altägyptische Knöpfe

zulaufender Wettermantel aus dikker Wolle für den Herrn, hatte unter der Kapuze Knopf und Loch und wurde auf der Schulter gefibelt. Die Gewandspange bekam ein Scharnier, und ein Dekor aus Farbenemaille machte sie noch dekorativer und bunter.

Und die alten Germanen? Aus ihrem Lebensbereich stammen aus Eberzähnen geschnitzte Zierknöpfe

Fibel

und bronzene **Tutulis**, kleine bis tellergroße rundgewölbte Knöpfe mit Metallösen an der Unterseite. Vielfach müssen flache, halbkugel- und kegelförmige Knöpfe, pfennig- stückgroß, aus Holz, Bein oder Bronze in Benutzung gewesen sein.

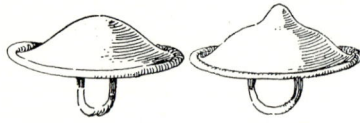

Tutuli

Wollenen Rock und Ärmeljacke umschnürte die flotte Germanin mit einem breit gewebten Gürtel mit Fransen und Quasten, auf dem eine tellergroße Metallschnalle zum Blickfang wurde. Um 100 vor unserer Zeit schloß sie über ihrem ärmellosen Leinengewand den Mantel mit einer **Agraffe** (Brosche) unter dem Kinn. Ihr Mann band sich den Bauch mit einem Silber- gürtel weg, befestigte seinen knie- langen Umhang mit einer Silber- fibel und stülpte sich zum Schutz gegen das Sauwetter den Pelz über.

Der Knopf, der knöpft

In den nächsten etwa 1100 Jahren waren die Damen und Herren in Mitteleuropa im bodenlangen, fülli- gen Gewand antiker Prägung mo- disch up to date. Verändert wurde lediglich die Länge der Tunika, die

Ärmellänge und die Fixierung des Chlamys (kurzer Mantelumhang) durch eine Schmuckspange auf Schulter oder Brust. Der Streit um die Saumlänge ist somit ein schon sehr alter und keineswegs eine pro- fitable Erfindung des Couturiers unserer Tage. Das Frauenbein, als erogene Zone bekannt, mußte zu- nächst artig bedeckt bleiben. Im 11. und 12. Jahrhundert änderte sich die Mode rasant. Kostbare Stoffe, vor allem Seide, Stickereien und Pelzbesatz sowie die Verarbei- tung von Edelsteinen wurden en vogue. Zwar schnürte man noch die bodenlangen Kleider in der Taille, doch sie blieben nicht so weit wie bisher. Körperformen wollte man sehen! Der Knöpfknopf begann hier seinen unaufhaltsamen, steilen Auf- stieg. Seine zunehmende Verwen- dung begründete das Handwerk der Knopfschmiede im 14. Jahrhundert. Obwohl die Roben durch Knopf und Schnitt figurbetonter wurden, sich Männer- und Frauenkleidung voneinander trennten, blieb das Prinzip der «doppelten Tunika» bis ins 18. Jahrhundert erhalten. Nur die Ausprägung wandelte sich durch reichlich überkandidelte, bisweilen grausam opulente Spirenzchen. Frau Kunigunde brauchte nun ihr Kleid dank der Knöpfe nicht mehr über den Kopf zu ziehen und ihrer Frisur in ruinöser Weise zuzusetzen. Der altgediente Gürtel verlor seine Funktion. Breiter und prächtiger werdend, blieb ihm nur der symbo- lische Charakter.

Die Franzosen hatten im Mode-styling schon immer die Nase vorn, und aus Burgund kam ein neuer Mode-Gag: die strumpfartigen, farblich zweigeteilten Beinkleider

Schnalle, 15. Jahrhundert

(‹miparti›) und die ausschließlich vorn zu knöpfende Schecke (Jak-kett). Auch bei den Damen wurde es jetzt eng. Ein rippendrückendes Mieder, getrennt vom Rock getra-gen, erschien ihnen gerade recht. Extrem spitz zulaufende Schnabel-schuhe (poulaines), ein mit zahllo-sen Schellen besetzter Gürtel (Dusing), eine geschwänzte Kapuze (Gugel) für ihn, umgestülpte Schul-tüten mit wallendem Schleier (hen-nin) auf ihrem Kopf erinnern heute eher an ein Kasperletheater. Schließ-lich schuf die Spätgotik den Hofnar-ren! Fabeltiere und bunte Emaille-ornamente bevölkerten die ineinan-derzuhakenden Schnallen aus Edel-metallen. Medaillonförmige und runde Metallschließen, Doppel- und Bogenschnallen, Halb- und Langgurt, Platten- und Scharnier-gürtel fanden nacheinander (trotz Knopf) Verwendung. Mal in der Taille, mal um die Hüfte geschlun-gen, blieb der **Leibgurt** bis ins 15. Jahrhundert für Männer und Frauen gleich. Dann trennten sich die Gürtel der Geschlechter. Für das nachfolgende Herrenoutfit versank der Gürtel in der Bedeutungslosig-keit, wenngleich schmale Leibrie-men nie ganz totzukriegen waren. Die modebewußte Dame hingegen zierte und hielt ihre immer aufwen-diger werdenden Hüllen durch breite Gürtel mit bronzenen Bogen-schnallen.

Je wichtiger das Knöpfen wurde, um so mehr Knöpfe drängten ans Textil. Sie wurden so dicht genäht, daß sie sich fast berührten. Loch oder Schlaufe schlossen den Knopf. Die Renaissance bot eine neue Mo-devariante. Die deutschen Gewand-schneider schlitzten die Kniebund-hosen der Herren sowie die Puff-ärmel beider Geschlechter und lie-ßen sie etagenweise mit kleinen Schleifen binden. Federbarett und Kuhmaulschuhe galten als der letzte Schrei. Die Spanier setzten noch eins drauf, machten die Kniehose zur kurzen Pumphose und verord-neten lange Beintrikots. Kein Wunder, denn sie erfanden 1550 die Trikotwirkerei. Bauschige Hänge-ärmel, ein hauteng geschnürtes Mieder, der erste Reifrock sowie der riesige «Mühlradkragen» verliehen der Spanierin eine puppenhafte und steife Silhouette. Man gab sich prüde und zugeknöpft.

Das 17. Jahrhundert goutierte die Kluft der Musketiere. Hohe Stulpenstiefel, kurzer, in der Taille mehrfach umwickelter, ärmelloser Rock, dicht besetzt mit kunstvoll gearbeiteten **Posamentenknöpfen**, großkrempiger Filzhut mit langer Feder: so fand er sich unwiderstehlich. Die Knöpfe dienten zunehmend als Schmuck und zur Repräsentation.

Zugeknöpft und abgeschnallt

Während des Barock begann der Kitsch und Tand überzuschwappen. Die rötlich oder blond gefärbte Allongeperücke, das Charakteristikum dieser Zeit, haufenweise Rüschen, riesige Reif- und Doppelröcke und engste Mieder, knielange «Knöpfröcke» mit aberwitzig vielen Posamentierschließen bis hinunter zum Saum boten ein Bild des Reichtums und der Verschwendung. Diese mehreren Dutzend Knöpfe am «Rock» signalisierten der interessierten Frau einen eher verklemmten «Rühr-mich-nicht-an» als einen lustbetonten Liebhaber. Nach zwanzig Minuten hingebungsvoller Aufknöpfarbeit war wohl jede Lust perdu. Wurde die Hose am Knie nicht gebunden, garnierten runde Stoff- oder Metallknöpfe das Gelenk. «Knöpfrock» (Justaucorps), Kniehose und Weste bildeten die Grundlage der noch heute gültigen konventionellen Herrenkleidung.

Das Rokoko übertraf mit Verzierungen, Volant, Rosetten und Schleifen, großzügigem Dekolleté und Puderfrisur noch den Barock. Wem der Rock nicht voluminös genug war, legte sich zusätzlich ein Kissen auf den Hintern. Mit Draht und falschem Haar wuchsen die Frisuren der Damen dermaßen, daß manche nur knieend in der Kutsche fahren konnten.

Auch die Knöpfe führten ein üppiges Dasein. In den schönsten Farben und feinsten Verarbeitungen glänzten sie an Halsausschnitten, Ärmeln, Jacken und Hosen. Der begehrte Posamentenknopf verbarg einen flachen Holzknopf, der mit Fäden aus Seide, Gold oder Silber in

zierlicher Musterung übersponnen wurde. Man liebte gedrechselte und gebeizte Ochsen- und Büffelhornknöpfe, elfenbeinweiße, polierte, gefärbte, gepreßte Steinnußknöpfe aus der Steinnuß einer tropischen Palme, Knöpfe aus fast allen bekannten in- und ausländischen Hölzern mit zwei, drei oder vier Löchern, Selbstöse oder angesetzter Metallöse. Geprägte (Edel-)Metallknöpfe, seit dem 17. Jahrhundert teilmaschinell herstellbar, dekorierten die Uniformen, Hirschhornknöpfe schlossen Trachten und Lodenjacken. Es gab Knöpfe aus Schildpatt, Perlmutter, Leder, Elfenbein, Glas, Perlen und Edelsteinen. Besonders der berühmte englische **Wedgewoodknopf**, auf dessen schwarzen oder blauen Porzellangrund in Anlehnung an antike Kameen weiße Relieffiguren aufgelegt wurden, versetzte alle Welt in Verzücken. Am schärfsten fand man runde Scheibenformen, doch kugelige, eckige, halbrunde und rosettenartige Knöpfe waren ebenfalls beliebt. Vielfältig waren die Motive, die sie schmückten: Blüten, Tiere, Drachen, Burgen, Initialen, Waffen, Kreuze, Götter und Portraits spiegelten den Geschmack der Zeit.

Die französische Nationalversammlung schaffte 1792 die Kleidervorrechte des steinreichen Adels ab. Als Zeichen der Freiheit galt nun der zweireihige, knielange Frack aus schlichtem Tuch. Des Frackes entblößte sich der Bürger durch das

Öffnen von sechs bis acht fünfmarkstückgroßen Knöpfen und gab den Blick frei auf die Weste, die von dicht genähten Perlmutterknöpfchen strammgehalten wurde. An den Ärmelöffnungen erlaubte er sich drei oder vier pfennigstückgroße runde Knöpfchen. Auch die Frauen bemächtigten sich der neuen Männermode. Sie trugen taillierte, zweireihige Jacketts mit spitzen Revers und kurzem Schößchen.

Die Revolution der Knöpfe

Mit wachsender Industrialisierung kamen im Laufe des 19. Jahrhunderts maschinell hergestellte Knöpfe für die weniger betuchten Teile der Bevölkerung in den Handel. Schmale Gürtel mit Schnallen aus Tombak (Goldersatz) mit klassizistischen Motiven, Glaseinlagen,

Japanische Knöpfe, 20. Jahrhundert

Rosetten oder Perlmuttbesatz galten im Biedermeier als unverzichtbar. Neben den beliebten, facettenartig aus Stahlkugeln geformten Knöpfen trugen die Herren besonders gerne schwere Posamentenknöpfe. Am Knopf tobte man alle technischen Möglichkeiten aus, und sogar einige Kunststoffe dienten ihm als Grundlage. Der Stil dieser Jahre war sehr vielseitig. Die Knopfherstellung verlagerte sich zusehends vom Handwerksbetrieb in die Fabrik.

Revolutionär für die Knopfgeschichte gestaltete sich das Jahr 1885. Der Pforzheimer Heribert Bauer erfand den **Druckknopf**. Rasch zu schließen und fast unsichtbar, bestand er aus einem Plättchen mit einer Kugel, die in ein anderes Plättchen hineingedrückt und dort von einer Feder festgehalten wurde. Ursprünglich war er keineswegs voll einsatzfähig, weil er nicht elastisch war und leicht aufsprang. Auch der Einbau einer Stahlfeder taugte nichts, denn sie bescherte Rostflecke beim Waschen. 1906 dann erfand der Techniker William

Prym den rostfreien, elastischen Druckknopf, indem er für die Federung einen doppelten Bronzedraht verwendete. **Haken und Ösen** gerieten durch diese Erfindung in arge Bedrängnis, dennoch konnte der Druckknopf sie nie überflüssig machen. Druckknöpfe gibt es in allen Farbnuancen und vielen Größen aus Metall und aus Kunststoff. Sie sind nähfrei, werden eingestanzt oder eingeschweißt. Konkurrenz machte dem Druckknopf der **Reißverschluß**. 1893 vom Chicagoer Ingenieur Judson für Schuhe erfunden, bestand er aus Haken und Ösen, die sich durch einen Schieber miteinander verbanden. Der Haken war: Er ging oft von selbst auf, oder er klemmte. Und ein Reißverschluß, der klemmt, tötet jede Erotik . . . 1906 hatte der Amerikaner Sundbäck eine bessere Idee. Zähne dicht an dicht, die durch einen Schieber ineinander griffen, brachten ihm das Patent. Doch erst 1913 wurde der Reißverschluß käuflich, nachdem Sundbäck ein Gerät entwickelt hatte, das die Zähne ausstanzte und auf einem Stoffband festklemmte.

Im Ersten Weltkrieg wurde in den USA zum erstenmal an Gürteln, Geldtaschen und Fliegeranzügen «gezippt».

Zur Jahrhundertwende brachte England das Kostüm auf den Markt, die Konfektion trat auf den Plan. Im ersten Jahrzehnt unseres Jahrhunderts setzte sich eine einheitliche Gestaltung der Knöpfe durch. Stilisierte, pflanzliche oder geometrische Ornamente herrschten vor. Selbst Gamaschen, Schuhe und Handschuhe wurden geknöpft.

Die «golden twenties» kreierten mit kaum knielangen, geraden, ab der Hüfte plissierten Kleidern, Zigarettenspitze und Bubikopf die ‹Garconne›. Um die tiefangesetzte Taille drapierte sie Schleifen, Schärpen oder Gürtel mit mondänen Metallschnallen. Der Leibgürtel erfuhr in den Zwanzigern eine Renaissance durch ein neues elastisches Mieder aus Gummi, der Kunstseidenstrumpf war en vogue. Die Herren knöpften mal ein-, mal zweireihig Frack, Jackett oder Sakkoanzug, Cutaway und Smoking werden auch heute noch meist mit einem Knopf geschlossen. Auf der Straße trug der modebewußte Herr den großgeknöpften Raglanmantel und Melone. Das einzige, womit Männer auffielen, waren **Manschettenknöpfe** verschiedenster und feinster Machart aus Seide bis Gold.

An der Kleidung der zwanziger Jahre fanden nur wenige, dafür aber große, farbstarke Knöpfe Verwendung. Das Art Déco verlangte nach geometrischen Formen. Die zunehmende Verwendung von Kunststoff begünstigte eine beliebige Formenvielfalt, und so entstanden quadratische und dreieckige Knöpfe.

In den dreißiger Jahren blieb die Damenmode eher streng und leicht maskulin. Breite Schultern und wadenlanger Faltenrock war die Creation im Zeitgeist. Die Konfektion entdeckte den Reißverschluß, und Elsa Schiaparelli war die erste Vertreterin der Haute Couture, die den schnellen Zipper an ihren Modellkleidern einsetzte. Großer Beliebtheit erfreuten sich verspielte, zum Teil mit Bildmotiven geschmückte Knöpfe. Ein besonderer Moderenner in den USA war der originalgetreue Abguß zahlreicher bekannter Zigarettenschachteln im Knopfformat. Der feine Herr schätzte den Chesterfield (ein eleganter Mantel) mit verdeckter Knopfleiste, der sportive Herr trug den schweren, mit großen Knöpfen besetzten zweireihigen Ulster (ein derber Alltagsmantel), um ihn später gegen den Trenchcoat einzutauschen. Trench und Ulster wurden durch einen breiten Rings- beziehungsweise Halbgürtel perfekt.

Die Zweckkleidung diktierte kriegsbedingt die Mode in den vierziger Jahren. Die Haute Couture kam fast völlig zum Erliegen, und Knöpfe wurden aus schlichten, billigen Materialien hergestellt. Besonders Uniformknöpfe wurden gebraucht. Individuell gefertigte, bemalte Holzknöpfe waren hübsche Ausnahmen.

Der «New Look» des Christian Dior mit wadenlangen, weich fallenden Röcken, schmaler Taille und ungepolsterten Schultern läutete die fünfziger Jahre ein. Freizeitkleidung, Jeans und das völlig knoplose T-shirt wurden modern. Metallene Patentknöpfe mit unterschiedlicher Gravur, oft mit Markenschriftzug, hielten in der Taille die knackige, abgewetzte Röhre. Die konventionelle Herrenhose aber verlangt nach einer schlichten metallenen Zieröse und einem darunterliegenden, nicht sichtbaren Haken am Bund. Die Bundweite verstellt der Bierbauch durch rückwärtige Schlaufen, die an Halbrundschnallen fixiert werden. Kostüm und Clubjacke wurden gerne mit goldfarbenen runden Metallknöpfen geschlossen. Insgesamt akzeptierte man in den Fünfzigern Knöpfe der unterschiedlichsten Stile, doch die dreieckigen, ungleichmäßig gerundeten Knöpfe entsprachen am meisten dem Stil dieser Zeit.

Die sechziger Jahre feierten den Bikini mit seinem typischen, geschlungenen Metallverschluß und den Mini. Das Minikleid wurde mit einem breiten Stretch-, Leder- oder Plastikgürtel dekoriert. Große Ein- oder Zweidornschnallen aus Metall oder Plastik machten das Outfit komplett. Große, dickrandige und funktionelle Knöpfe schlossen Mäntel und Jacken.

Ratsch und Zipp

Seit den siebziger Jahren ist alles nebeneinander modern. Das ganze Modetheater gipfelt im heutigen durchaus ein- und verträglichen Nebeneinander konventioneller, extravaganter Couture und dem schrillen, individuellen Antichic. Neben opulenten Knopf- und Schnallenkreationen stehen schmucklose, für Annähmaschinen genormte, Metall- und Plastikknöpfe.

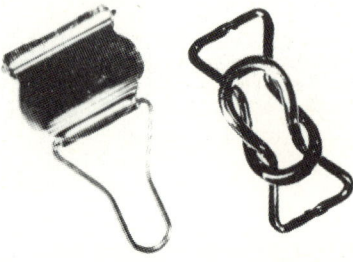

Neueste Verschlußsache ist der **Klettverschluß**. Er ist aus Kunststoff und besteht aus einem Haftband mit winzig kleinen Haken und einem Flauschband mit feinen Schlingen. Drückt man diese Bänder fest zusammen, dringen die Haken in das Schlingengewirr ein und verhaken sich dort, ohne sich selbständig zu öffnen. Da das Band sich an jeder beliebigen Stelle festdrücken läßt, ist der Verschluß über die ganze Länge verstellbar. Zum Öffnen zieht man beide Bänder mit einem vernehmbaren Ratsch auseinander. Ganz im Stil der Zeit

geht's an Taschen, Jacken, Turn-
schuhen jetzt noch schneller und
einfacher, aber auch lauter. Knopf
und Haken und Öse hört man nicht,
die Schnalle kann klappern, der
Druckknopf knackt, der Reißverschluß zippt und der Klettverschluß
ratscht. Klettverschlüsse lassen sich
annähen, ankleben, nieten oder
klammern.
Der Punk hat zu Beginn der achtziger Jahre dem Reißverschluß zu
einer zweiten Kategorie verholfen.
An sämtlichen Kleider-Öffnungen
glänzte mindestens ein Zipper, und
wo keine Öffnung war, wurde ge-
schlitzt und dann gezippt.
Binden Sie sich um, was Sie wollen
– Hauptsache, Sie sind nicht mehr
so verdammt zugeknöpft.

Bettina Ehrhardt

ANSICHTS-
SACHEN

Das Äußere:
Spiegelbild des Menschen?

Mode hat etwas mit Blicken zu tun, mit Ansichten und Hinsichten: Hinsichten auf den Körper, Ansichten über ihn. In unserer Kultur wird der Körper den Blicken entzogen, durch die Verhüllung in Distanz gerückt. Kopf und Körper sind zwei verschiedene Dinge; zwischen beiden verläuft die Grenzlinie der Wohlanständigkeit. Nietzsche drückt das so aus:

«Der nackte Mensch ist im Allgemeinen ein schändlicher Anblick – ich rede von uns Europäern (und nicht einmal von den Europäerinnen!). Angenommen, die froheste Tischgesellschaft sähe sich plötzlich durch die Tücke eines Zauberers enthüllt und ausgekleidet, ich glaube, daß nicht nur der Frohsinn dahin und der stärkste Appetit entmutigt wäre, – es scheint, wir Europäer können jener Maskerade durchaus nicht entbehren, die Kleidung heißt.» [1]

«... jene Maskerade, die Kleidung heißt», ist das, was andere auf den ersten Blick von uns zu Gesicht bekommen, womit sie uns zunächst identifizieren, weil wir uns darin herzeigen. Sie verhüllt den Körper und stellt ihn gleichzeitig aus; sie vermittelt ein Bild von ihm, das durch Auswahl (wie bei jeder Darstellung: was wird gezeigt?) und einen bestimmten Blickwinkel (wie wird es gezeigt?) geprägt ist. Mode ist zeit- und ortsbestimmte Kleidung. Sie spiegelt die Wertvorstellungen einer Epoche, Gesellschaft und Kultur, ihrer Normen und Tabus: eine Gesellschaft, deren Mode dem Körper jede Bewegungsfreiheit läßt, gehorcht anderen Normen und verfolgt andere Ziele als eine, die Taille, Busen oder Füße einschnürt, die natürliche Formen an einem Schönheitsideal mißt und also bestrebt ist, sie zu korrigieren. Die Einstellung zum Körper und zur Sinnlichkeit prägt umgekehrt die konkrete Körpererfahrung, setzt der Empfindungsfähigkeit Grenzen. Von unserer Körperkultur und ihrem Ausdruck in der Mode handelt ein Kapitel in dem Büchlein *Der Papalagi. Die Reden des Südsee-Häuptlings Tuiavii aus Tiavea.* Sein Herausgeber Erich Scheuermann schreibt es eben jenem polynesischen Häuptling und Weisen zu, der Anfang des Jahrhunderts Europa bereist haben soll und seinen Landsleuten mit der Beschreibung okzidentaler Zwänge ein warnendes Beispiel vor Augen führen wollte. Das Kapitel ist überschrieben «Vom Fleischbecken des Papalagi» (*Papalagi* bedeutet ‹der Weiße›, aber auch ‹der Himmelsdurchbrecher›) und verknüpft die Beschreibung unserer verschiedenen Lendentücher, Matten und Häute mit einer furiosen Zivilisationsschelte.

«Der Papalagi ist dauernd bemüht, sein Fleisch gut zu bedecken. Der Leib und seine Glieder sind Fleisch, nur was oberhalb des Halses ist, das ist der wirkliche Mensch, also sagte mir ein Weißer, der großes Ansehen genoß und als sehr klug galt. [...] Er meinte, nur das sei des Betrachtens wert, wo der Geist und alle guten und schlechten Gedanken ihren Aufenthalt haben. Der Kopf. Ihn, zur Not auch noch die Hände, läßt der Weiße gerne unbedeckt. Obwohl auch Kopf und Hand nichts sind als Fleisch und Knochen. Wer im übrigen sein Fleisch sehen läßt, erhebt keinen Anspruch auf rechte Gesittung. [...] Darum ist auch der Körper des Papalagi vom Kopf bis zu den Füßen mit Lendentüchern, Matten und Häuten umhüllt, so fest und dicht, daß kein Menschenauge, kein Sonnenstrahl hindurchdringt; so fest, daß sein Leib bleich, weiß und müde wird, wie die Blumen, die im tiefen Urwald wachsen.» [2]

Aus der Außenperspektive betrachtet, erscheinen unsere Kleidergewohnheiten als wahrhaft exotisch, angefangen von der Wäsche, dünnen weißen Ober- und Unterhäuten, über das eigentliche Lendentuch (der Anzug) bis hin zu den Canoe-artigen Schuhen; vom Korsett («einer Matte, die durch Fischknochen, Draht und Fäden sehr hart gemacht ist»), den leichteren und bunteren Matten der Frauen, der Hemdbrust («einen hart gekalkten Schild») auf die ein farbiges Lendentuch, verschlungen wie ein Bootsseil, herabhängt, den weißen Hemdkragen und Manschetten («Kalkringen»), bis hin zu den «Festmatten», dem Frack («Vogelkleidung») und den «Kopfhäusern», die «die Männer bei jeder Begegnung zum Gruße schwingen, während die Frauen ihre Kopflast nur leise nach vorne neigen wie ein Boot, das schlecht beladen ist» – nichts entgeht dem kritischen Auge Tuiaviis. [3]

Wozu wird nun der ganze Aufwand veranstaltet, könnte man sich mit Tuiavii fragen, warum nimmt der Mensch freiwillig solche Lasten und Einschränkungen auf sich? Im Namen welcher «Moral»? Etwas soll verhüllt werden, vertuscht hinter aufwendiger (Ver)-Kleidung. Nietzsche vermutet, daß es die «Mißgeburt» in uns ist, das kleinlich Ängstliche:

«Sollte aber die Verkleidung der ‹moralischen Menschen›, ihre Verhüllung unter moralischen Formeln und Anstandsbegriffen, das ganze wohlwollende Verstecken unserer Handlungen unter die Begriffe Pflicht, Tugend, Gemeinsinn, Ehrenhaftigkeit, Selbstverleugnung nicht seine ebenso guten Gründe haben?

*Nicht dass ich vermeinte, hierbei sollte
etwa die schlimme Bosheit und Nieder-
trächtigkeit, kurz das schlimme wilde
Thier in uns vermummt werden; mein
Gedanke ist umgekehrt, dass wir gerade
als zahme Thiere ein schändlicher Anblick sind und die Moral-Verkleidung
brauchen, – dass der ‹inwendige
Mensch› in Europa eben lange nicht
schlimm genug ist, um sich damit ‹sehen
lassen› zu können (um damit schön zu
sein). Der Europäer verkleidet sich in
die Moral, weil er ein krankes, kränkli-
ches, krüppelhaftes Thier geworden ist,
das gute Gründe hat, ‹zahm› zu sein,
weil es beinahe eine Mißgeburt, etwas
Halbes, Schwaches, Linkisches ist*

*[. . .] Nicht die Furchtbarkeit des
Raubthiers findet eine moralische Verkleidung nöthig, sondern das Heerden-
tier mit seiner tiefen Mittelmäßigkeit,
Angst und Langeweile an sich selbst.
Moral putzt den Europäer auf – geste-
hen wir es ein! – in's Vornehmere, Be-
deutendere, Ansehnlichere, in's ‹Gött-
liche›.»* [4]

Unsere Kleidung ist das Spiegelbild
unseres distanzierten Verhältnisses
zum Körper. Körper und Kopf sind
auseinandergefallen, das eine ist der
Sitz des «wirklichen» Menschen, das
andere bloßes «Fleisch», wie Tuiavii bemerkte, das verhüllt werden
muß, um sich hin und wieder ent-

blößen zu lassen. Ist unsere Mode ein Ausdruck unserer angekränkelten Natur, wie Nietzsche meint? Sind unsere Körper so häßlich geworden, daß sie der Verschönerung durch Mode bedürfen, um anziehend zu sein? Oder steht Kleidung in den Diensten einer dekadenten Erotik, die den lasziven Reiz der Vorstellungskraft vor aller Handlung braucht und die Bestätigung, Widerstände überwunden zu haben, um Genuß zu empfinden? Vor der Direktheit unverstellter Schönheit empfindet sie Furcht – sie findet anziehend, was sich entzieht, will in Besitz nehmen und empfindet Lust, wo sie verführen und erobern kann: Erotik des Indirekten, des Schleiers, der Imagination. In diesem Sinn ist Verhüllung eine erotische Handlungsanweisung und Mode ihr Mittel: ein Versprechen, daß das, was sonst dem Zugriff entzogen ist, gleichwohl aber erahnt werden kann hinter der Verhüllung, sich zu wenigen privilegierten Augenblicken dem Auge, der Hand und dem Mund unverhüllt darbieten wird. Oft wird ja gerade das Verhüllte mit erotischer List optisch zur Schau gestellt, in seiner Form betont unter ungeheuren Stoffmassen (man denke nur an die ausladenden Hüft- und Gesäßpartien der Damenmode vergangener Jahrhunderte). Mode reizt die Sinne und bändigt zugleich die Sinnlichkeit.

Mode stellt den Körper dar, sie ist der Rahmen für Mimik, Gestik und Bewegung. Sie prägt das Bild, das

jeder einzelne von sich hat und das er anderen zu vermitteln trachtet. Sie geht in jedem Fall unter die Haut und zwingt jeden unter ihr Diktat: Man kann nicht nichts sagen, man kann nicht nichts anziehen; noch die Nacktheit wie das Schweigen sind eingebunden in den fortwährenden Zeichenfluß eines Menschen, der gehört und gesehen werden will. Rhetorik der Mode: Was wird gesagt, wie wird es gesagt, wer sagt es wem und zu welchem Zweck? Mode dient der Überredung, der sexuellen wie gesellschaftlichen Rivalität. Was spiegeln modische Menschen einander vor? Wovon distanzieren sie sich? Welche Ansichten werden gezeigt? Was wird verborgen und warum? Wie will einer wirken, und wie wirkt er, vielleicht ohne daß er es will? Mode beeinflußt das Selbstverständnis ihres Trägers, seine Haltung der Welt gegenüber; sie ist ein Mittel gesellschaftlicher Abgrenzung, auch der Machtausübung: sie entblößt ihren Träger.

In Stefan Zweigs Roman *Rausch der Verwandlung* wird ein mittelloses junges Mädchen, das auf einem Dorfpostamt in Österreich für sich und die kranke Mutter sein kümmerliches Brot verdient, überraschend von ihrer Tante in ein großes Hotel in Pontresina eingeladen. Ausstaffiert und mit den Accessoires des unbekümmerten Lebens und einer neuen Frisur versehen, verändert sich für sie die Welt. Sie ist eine andere, als sie das erste Mal nach der Verwandlung in den Spiegel blickt:

«Der Atem stockt ihr vor Überraschung. Nicht einmal im Traum hat sie
gewagt, sich so herrlich, so jung zu denken, so geschmückt; ganz neu dieser
rote, scharf eingesetzte Mund, die fein
gezogenen Augenbrauen, der plötzlich
frei leuchtende Nacken unter dem gold-
geschwungenen Helm des Haares, ganz
neu die eigene nackte Haut in dem glit-
zernden Rahmen des Kleides. Immer
näher tritt sie heran, um ihr Selbst in
diesem Bildspiegel zu erkennen, und
obwohl sie sich in dem Spiegel weiß,
wagt sie dies andere Ich nicht als wahr
und dauerhaft anzuerkennen, immer
wieder hämmert Angst in den Schläfen,
bei dem nächsten Zoll Nähe, bei einer
brüsken Bewegung könnte das beglük-
kende Bild zerfließen. Nein, es kann

nicht wahr sein, denkt sie. Man kann
sich nicht dermaßen plötzlich verändern. Denn wenn es wirklich wahr
wäre, dann wäre ich ja . . . Sie hält inne,
sie wagt nicht das Wort zu denken. Aber
da beginnt das Spiegelbild, den Gedanken erratend, innerlich zu lächeln, ein
erst leises, dann immer stärker aufblü-
hendes Lächeln. Nun lachen die Augen
ganz offen stark und stolz aus dem
dunklen Glas sich selber entgegen, und
die aufgelockerten roten Lippen scheinen erheitert zuzugestehen: ‹Ja, ich bin
schön.›»[5]

Die neuen Kleider geben Christine
ein neues Körpergefühl, ein «Gefühl
der Selbstverliebtheit», das sie wie
eine Befreiung aus alten Zwängen
erlebt und das jede ihrer Bewegun-

gen verändert: «... wunderbares Spiel der Selbstentdeckung, immer wieder setzt sie zu anderer Bewegungen, um sich anders in dieser Verwandlung zu sehen. [...] Wie von einer Welle fühlt sie sich getragen, wie von einem seligen Wind geführt; seit Kindertagen ist sie nicht so leicht, so flughaft gegangen: Rausch der Verwandlung hat in einem Menschen begonnen.» Eine Welt ungeahnter Möglichkeiten, ungeahnter Fähigkeiten öffnet sich, «traumhafte Sicherheit ist plötzlich geworden unter dem andern Kleid», fühlt sich «wohlig von sich selbst betäubt» und fragt sich: «Wer bin ich, wer bin ich eigentlich?» Der Traum währt nicht lange; aber mit einem neuen sozialen Bewußtsein, reist sie in ihr «belangloses Dorf» zurück. Mode spiegelt das Körperbild einer Gesellschaft wider, sie ist ein gesellschaftliches Repäsentationsmittel und beeinflußt das Bild, das jeder einzelne sich von sich selber macht. Darüber hinaus ist Mode immer auch ein Appell an den einzelnen Betrachter, ein Signal, das unterschiedliches Verhalten auslöst: Der strenge Rock des Priesters läßt mich anders reagieren als die Einblicke einer raffinierten Abendrobe. Was man hat, das ist man, «das alles bin ich», zitiert Nietzsche in etwas abgewandelter Form ein italienisches Sprichwort. Mode dient nicht nur dazu, körperliche Vorzüge zu unterstreichen (eine schmale Taille, ein wohlgeformtes Bein, einen zarten Hals etc.) und etwaige Mängel

zu vertuschen, sie ist auch ein Spiel mit Normen. (Jungmanagerinnen, las ich kürzlich, kleiden sich neuerdings vorzugsweise in Faltenrock und Turnschuhe, eine Kombination, die nicht nur zweckmäßig ist [Beinfreiheit, Fußfreundlichkeit], sondern auch zu erkennen gibt, daß ihre Trägerin genügend Profil besitzt, um Entlegenes, das jedes für sich verschiedenen Handlungsräumen angehört [Sport und klassischer Chic], in der Kleidung miteinander zu verbinden, so wie sie eben gleichermaßen im Konferenzraum wie auf dem Tennisplatz zu Hause sein möchte.)

Voller Neugier ist auch Proust dem Verhältnis von äußerem Schein und innerer verborgener Wahrheit, nicht nur in der Mode, nachgegangen. Der Held der *Suche nach der verlorenen Zeit*, Marcel, verliebt sich in jungen Jahren in die schöne und feine Madame de Guermantes, in deren blauen Augen sich die jahrhundertealte Tradition einer wohlgeborenen Familie spiegelt. Später liebt er voller Leidenschaft und Schmerz Albertine, die elternlos bei ihrer Tante, Madame Bontemps, aufgewachsen ist und die er als noch sehr junges Mädchen am Strand von Balbec kennenlernt. Die Beschreibung der Kleider beider Frauen, und vor allen Dingen die Beschreibung ihrer verschiedenartigen Sichtweisen von Mode, entspricht ihrer unterschiedlichen sozialen Herkunft und sagt zugleich etwas aus über die verschiedenartige Fas-

zination, die von Mode und dem, was Mode über einen Menschen auszudrücken imstande ist, ausgehen kann: Madame de Guermantes ist in jeder Geste, in jedem Detail eine große Dame; ihre Vorlieben, ihr Geschmack geben den Ton an in dem Paris der feinen Welt. Als Repräsentantin ihrer Klasse ist ihre Kleidung ein Spiegelbild ihrer sozialen Herkunft, die ihr ebenso selbstverständlich ist wie ein teures Kleid. Sie ist am schönsten in schwarzem Samt. Albertine hingegen, die geschichtslose, verführt in den Roben Marianos Fortunys, des legendären Spaniers, der durch modernste Verfahren alte Webtechniken perfekt imitieren konnte. Seine Kleider, die den Glanz vergangener Zeiten zitieren, die Pracht von Gewändern der Gemälde Carpaccios und Tizians, machten Anfang des Jahrhunderts Furore. Madame de Guermantes präsentiert ein historisches Bild, das im Wandel stetig geblieben ist; sie ist angetan mit der aristokratischen Klasse ihrer Herkunft, deren allmähliche Auflösung Proust beschreibt. Eine symbolische Art der Auflösung vollzieht sich in der Mode, durch den Zitatcharakter der Mode, die nicht mehr Ausdruck festgesetzter gesellschaftlicher Grenzen ist (so wie es im Mittelalter den Handwerkerfrauen verboten war, feine Spitze zu tragen), sondern zunehmend zu einem Spiel individueller Selbstentwürfe wird. Fortunys Kleider verkleiden die Frauen, sie machen sie zu Trägerinnen einer unerreichbaren Sehnsucht nach einer «untergegangenen» Zeit und einem fernen Ort, denen sie mit der Wirklichkeit ihrer Körper und ihrer Bewegungen Raum geben. Albertine, ohne einen familiären Hintergrund, der sie konstituieren könnte, und nie zu fassen im Fluchtpunkt ihrer verschiedenen Ansichten, wird gerade in den Roben Fortunys zum Sinnbild von Wandel und Verwandlung, von Verkleidung. Auch genießt sie, darin Zweigs Christine ähnlich, die Verwandlung als Darstellung ihrer Schönheit und ihres sozialen Aufstiegs. Beide Frauen sind für Marcel unerreichbar; das macht ihren Reiz aus: Madame de Guermantes in einem historischen, Albertine in einem topischen Sinn; unerreichbar, und daher Gegenstand von Begehren als Sehnsucht nach einem stets fernen Ort.

Mode ist ein Spiegelbild des Menschen, seiner verschiedensten Aspekte: sie ist Ausdruck des Körpergefühls einer Gesellschaft, das sich mit den Bedingungen dieser Gesellschaft wandelt. Sie ist der Rahmen für das körperliche Empfinden jedes einzelnen, für seinen Bewegungsspielraum, und prägt über ihren sozialen Symbolwert seine Haltung der Gesellschaft gegenüber. Das Korsett zum Beispiel, als Aushängeschild bürgerlicher Muße, verschaffte seiner Trägerin offensichtlich ein symbolisches Vergnügen, das über jede Unbequemlichkeit erhaben war. Mode ist, nach

der Formel von Walter Benjamin, die Wiederkehr des ewig Neuen, ein Diskurs, in dem wie in jeder Rede vieles erwartbar und weniges überraschend ist, wenn alles auch neu ist, weil erneut gesagt. Sie ist ein Spiel mit Normen, die im Überschreiten noch bestätigt werden, ein System von Systemen, mit denen eine Gesellschaft Sinn produziert. Weißt du, was in Hamburg das gesellschaftlich am wenigsten einengende Kleidungsstück ist, fragte mich einmal ein Freund. – Die bayrische Trachtenjacke: die Linken halten dich für einen Alternativen, die Rechten für grundsolide, und für die Schicken bist du der letzte Schrei. All dies auf der Grundlage einer Distanzierung, der nur mittelbar gegebenen Ansicht der Körper. Distanz erst macht Vermittlung nötig und überhaupt möglich. Und jede Vermittlung ist Auswahl, Darstellung unter bestimmten Gesichtspunkten, im Rückgriff auf Bekanntes, daß je und je neu kombiniert wird. Der Mensch selbst spiegelt sich in dieser Auswahl, die seine eigene ist: «Le style, c'est l'homme même», lautet der berühmte Ausspruch des französischen Naturforschers und Rhetorikers Buffon aus dem 18. Jahrhundert, «der Stil, das ist der Mensch selbst». Stil im Sinn von bewußtem Umgehen mit den Bedingungen aller Äußerungen und Entäußerungen, was das ästhetische Vergnügen, mit Formen, Farben und Stoffen zu spielen, und den Reiz des Wandelbaren, des Unvorhergesehenen mit einschließt. Sicher nützt der Kommerz die Lust am Anderssein weidlich aus. Aber es liegt doch schließlich an jedem einzelnen, wieweit er sich Mode diktieren läßt. Wie sagte es Christian Dior (wer sonst?): «Jede Frau findet sich schön, vorausgesetzt, sie hat genügend Kleider.»

Anmerkungen

[1] *Die fröhliche Wissenschaft*, 5. Buch, 356; zitiert nach der Ausgabe von Colli und Montinari, Berlin 1967 ff., Band 3, S. 588.

[2] Der Papalagi. Die Reden des Südsee-Häuptlings Tuiavii aus Tiavea, 1977, S. 21 f. In der ersten Auflage hrsg. v. Erich Scheuermann, Felsenverlag, Buchenbach / Baden, 1921. Eine erweiterte Neuauflage erschien 1977 im Verlag Robert Tanner, 8134 Adliswil-Zürich.

[3] Die Frage, ob es sich bei Tuiavii um eine authentische Person oder eine Kunstfigur des ersten Herausgebers E. Scheuermann handelt, ist in der Diskussion um die Urheberschaft der *Reden* in der Tat noch nicht geklärt.

[4] vgl. Fußnote 1, ebenda.

[5] Stefan Zweig, Rausch der Verwandlung, Fischer TB, Frankfurt / Main 1986, S. 68 f.

Marianne Enzensberger

MEIN **G**RÜNES **P**LASTIK– **R**HOMBEN– **K**LEID

Der junge Mann stand seitlich ange-
lehnt in der Türfüllung. Sein blondes Haar schmiegte sich lockig um
den Kinderkopf, seine zarten Hände
umklammerten einen imaginären
Tennisschläger. Mit sanfter Stimme
sagte er: «Und dann die Rückhand... sooo...». Er ließ die ange-
winkelten Arme blitzschnell herab-
sausen, verdrehte sie anmutig und
blieb wie starr stehen.

Meine Freundin Christiane biß sich
in den Handrücken. Wir kamen gerade von einem Sleep-In, waren
völlig übermüdet und hatten uns
auf eine Dose Heringsfilet in Tomatensoße gefreut. Den Polizisten, die
mit riesigen Stacheldrahtrollen unser Institut verpackten, waren wir
entkommen, auch den anderen in
den vergitterten, schweren Wagen
und denen mit den hechelnden
Hunden.

Twiggy

Ich blickte aus dem Fenster. Im
Hamburger Wasser zuckte es blau,
regelmäßig fast, kleine, blitzende
Wellen trugen die Sirenen direkt in
unsere Wohnung. Nebenan übte der
Schauspieler aus Kassel eine Rolle
und verfluchte seine Frau, wenn er
steckenblieb. Sie wolle sich nicht
scheiden lassen, hatte er uns am
Abend zuvor erklärt und seine neue,
vollbusige Freundin dabei ruckartig
gedrückt.

Ich zupfte an meinem schreiend grünen Plastik-Rhomben-Minikleid, das knapp den Bikinislip bedeckte. Das Kleid ließ sich mit einer Bewegung öffnen, man konnte es einfach am Ring unter dem Kinn packen und mußte dann nur dem Reißverschluß folgen. Christiane trug ein ähnliches Exemplar in Orange. Meine riesigen, schwarzen Plastikohrringe zogen die Ohrläppchen lang, der grellrosa Lippenstift schmeckte wunderbar wie immer, und ich amüsierte mich über die rosa Flecken auf Christianes Zähnen.

Der junge Mann starrte auf meinen Ansteter, der, übergroß, den Busen verdeckte: «Ich nehme die Pille!» Dieser Button wirkte immer aufreizend, auch im Trainingsanzug oder im Kostümchen. Die Augen der Männer bekamen jenen trügerischen Glanz, den ich von Rudolf Valentino kannte, diese aggressive, sexuelle Gier, die sich als devote, träumerische Hingabe tarnte.

Der junge Mann taxierte mich stumm und lächelte leicht, als Christiane in einer Art Übersprunghandlung ihre Haare auftoupierte.

«Weniger wäre mehr gewesen!» Er verschwand.

Christiane bog sich vor Lachen und warf gleichzeitig einen prüfenden Blick in den Spiegel. Die toupierten Stellen hingen wie kleine, traurige Vogelnester in dem dünnen, strapazierten, glatten Haar.

«Wahnsinn, Wahnsinn, Wahnsinn!

Und der bildet sich ein, er könnte in mich verliebt sein, Spießer!»

Ich schwieg. Ich kannte die genaue Bedeutung von «weniger wäre mehr gewesen» nicht ganz genau. Ich hatte so eine Ahnung von etwas Schrecklichem.

«Das ist ganz einfach die Theorie, daß eine nackte Frau nicht so erotisch ist wie eine Frau im raffinierten Kleid oder im zarten Dessous.» Christiane löffelte gierig den Fisch aus der fettigen Tomatensoße.

«Aber wir waren doch angezogen.»

«Schon. Aber zu plump, zu grell, zu eindeutig. Schau uns an: wir sehen aus wie wildgewordene Papageien!»

«Und das ist nicht erotisch?»

«Nein!»

«Wer sagt das?»

«Alle.»

«Was!? Aber die Männer starren uns doch an, die Frauen lächeln oder brüllen, sogar die Genossen pfeifen manchmal...»

«Die Genossen pfeifen vor Schreck oder weil sie, wie die meisten Männer, uns wie Nutten behandeln.» Christiane leckte sich kämpferisch die Lippen und genoß die Last der moralischen Verkommenheit. Ich legte mich beunruhigt ins Bett. Meine Haarschleifen waren immer größer gewesen als die meiner Freundinnen; sie standen von meinem Kopf ab wie kleine, bunte Propeller, und in meinem Pony hatte ich schon in zartestem Alter kleine Lokkenwickler gedreht, um die kichernden Jungen in meiner Klasse

mit der Lockenpracht, die sich allerdings auf die Vorderansicht meines
Kopfes beschränkte, zu beeindruk-
ken. Ich war stolz gewesen auf
meine Kräuselkreppkleidchen, die
der Wind blähte, auf die dünnen
Sommerröcke, unter denen sich die
Beine als kleine schwarze Schatten
abzeichneten, auf die kurzen Leder-
hosen, in denen ich einfach besser
aussah als jeder gleichaltrige Junge.
Nur – ich wußte nie genau, wem ich
gefallen wollte. Den Mädchen? Den
Jungen? Mir selbst? Erst als ich MM
und BB aufregender fand als die
glitzernd-kalte Schneekönigin, eine
Zeichentrickfigur, die meine Kind-
heit als anbetungswürdiges Schön-
heitsidol und gleichzeitig als böse
Verführerin begleitet hatte, klärte
sich diese Frage.
Die weiblichen Filmstars jener Tage
schienen mir verheißungsvolle Göt-
tinnen der Schönheit und Dekadenz. Die vollen, bebenden Lippen,
die sorgfältig frisierten Haare, die
engen Kleider, die sie zwangen, mit
unnachahmlichen Tippelschritten
eine Kühlschranktür zu öffnen, ihre
beständig gurrenden Stimmen bildeten einen krassen Gegensatz zu
den muffigen Wohnungen, den
BMW-Isettas, in die man uns
zwängte, zu den stinkenden Klas-
senzimmern und den solide ausge-
bauten Tanzscheunen. Wir mußten
ordentlich sein. Unsere Lehrer wa-

Uschi Nerke

ren ordentlich oder gaben es zumindest vor. Ihre Predigten waren ordentlich. Je dicker ihre Bäuche, je
strenger ihre Vorträge, desto heimlicher operierten wir, um an den
verborgenen Genüssen unserer
Traumwelt zu naschen. Das hieß für
uns Mädchen: der Mann! Für die

Links: Einteiliger Badeanzug
von Gernreich
Rechts: Modell von Paco Rabanne

Jungen: die Frau! Alle anderen Varianten bewegten sich jenseits unseres Vorstellungsbereiches.

Wir Mädchen krempelten nach der Schule in den Klos unsere Röcke hoch, färbten die Lippen mit Penatencreme weiß und puderten uns die Gesichter mit Stepin-Puder, der, wir dankten es jedem Apotheker, angeblich Pickel austrocknete.

Ich haßte Badeanstalten, weil sie zutage förderten, was ich sorgfältig verbergen mußte: Ich war dünn, mickrig geradezu, ein Skelett, und das Gestänge meines Badeanzugs klapperte an mir herum wie die erbärmliche Ritterrüstung um Don Quichotte. Ich liebte den gespielten, leicht dümmlichen Gesichtsausdruck der Sexbomben, ihre wollüstigen Waden, die quellenden Busen, übte ihr verheißungsvolles Lächeln vor dem Spiegel, wußte ich doch: alle Männer und Frauen, auch die prüdesten, verehrten sie, oftmals heimlich unter der Bettdecke oder in den winzigen, weißen Schaumperlen des Abwaschwassers.

Ich liebte die Sonntage mit all ihren heimlichen Freuden, mit den Motorrollerfahrten, den Treffen in Pommes-frites-Bars, ich liebte meine herausgeputzten Freundinnen mit ihren Pferdeschwanzfrisuren, mit ihrem verschämten Sex-Appeal, und die Jungen, die mit Hilfe von Brillantine und engen Trevirahosen zu richtigen Kerls wurden.

Ein paar Jahre später summte ich, in graues Flanell gehüllt, «Je hais les dimanches» – ich hasse Sonntage, und ärgerte mich über meinen Busen, versteckte meine Figur unter weiten Pullovern und ließ meine Haare mit Bedacht strähnig um den Kopf hängen. Die Augen malte ich zu grauen Höhlen. Ich las. Ich rauchte Gauloises. Ich diskutierte. Männer, die mich speziell geschlechtsspezifisch behandelten, verachtete ich, rhetorische Begabung war sexy, Lebensüberdruß, Langeweile. Intellektuell sein war anstrengend. Intellektuell aussehen erforderte höchste Konzentration. Jede Annäherung an Sex, Erotik, Schönheit, Kleidung geriet zum Bekenntnis zu Dummheit und Grobschlächtigkeit.

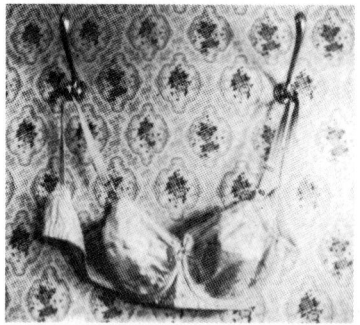

Wir verlachten die Haute Couture. Wir verlachten die Neckermanns. Wir waren wunderbare, filigrane, graue Mäuse. Der Rollkragen eines Rollkragenpullovers konnte mich in Erregung versetzen, schmale Hände, pfeifenrauchende Männer, alles Abgetragene, Abgestoßene, das edle und das ärmliche Schäbige.

Ich liebte Stummfilme. Knabenhafte Frauen. Knabenhafte Männer.
Die Bestimmung auf ein Geschlecht
schien mir überflüssig, konservativ.
Diese dämonischen Kindfrauen in
ihren halbeleganten Kleidern mit
den wirren Augenaufschlägen und
den strengen Herrenfrisuren, die
Männer, stark geschminkt, ganz
weich, ganz lasziv. Ich wollte krank
aussehen wie diese androgynen
Stars, sehnte mich nach meinen
Zeiten als Skelett und bewunderte
Juliette Greco, die Göttin der
Langeweile.
Das grüne Plastik-Rhomben-Kleid
war ein Geschenk meiner Eltern.
Ich studierte im ersten Semester und
langweilte mich in Ringvorlesun-
gen und Gotisch-Kursen. Die Professoren trugen graue Anzüge. Die
Assistenten trugen graue Anzüge.
Die Sekretärinnen trugen beige Fla-
nellkostüme. Um 1 Uhr mittags
hatte ich meine verrückte Stunde in
der Mensa, wo zwischen Reistellern
und Kohlrouladen Flugzettel ausla-
gen, die ich gierig las. «Unter den
Talaren der Muff von hundert Jahren!» war mein Lieblingsspruch.
Und während ich meine Röcke höher und höher kürzte, die Haare höher und höher toupierte, skandierte
ich Parolen gegen die Spießer und
den Rest der Welt. Ich fand es groß-
artig, daß die politische Bewegung
auch die Mode revolutionierte. Der
Minirock war eine Offenbarung.
Der Minirock war für mich eine Revolte gegen Spießerlüsternheit und
Küche-Kinder-Kirche-Dogma.

Der Minirock übersprang alle Schamgrenzen und zerschmetterte jede bürgerliche Attitüde.

Die Relikte meiner bürgerlichen Erziehung führten einen zähen Kampf gegen meine neue Moral. Zentimeter um Zentimeter mußte ich mir ein neues Bewußtsein erkämpfen. Schließlich endeten meine Röcke knapp unter dem breiten Ledergürtel, der meine immer noch spitzen Hüftknochen lässig bedeckte. Ich lief untergehakt in hautengen Lackstiefeln, die knapp bis zu den Pobacken reichten, durch Wasserwerferregen und beschimpfte Passanten, die entsetzt auf meine schwarzglänzenden Beine starrten: «Bürger, laß das Gaffen sein, komm herunter, reih dich ein!»

Mein grünes Plastik-Rhomben-Kleid symbolisierte Rebellion und neue Freiheit, es sprengte jeden bösen Hintergedanken, jede verklemmte Erotik.

«Weniger wäre mehr gewesen!» Der zickige Tennisspieler ging mir nicht aus dem Kopf. Merkwürdig, daß er so aussah wie all die wunderbaren Männer, die sich äußerlich so wohltuend vom Establishment abhoben: lange Haare, Jeans, Beatles-Stiefel, schwarze Weste, afrikanisches Lederband.

Von verschämten Schneewittchen-Versuchen, sich einen Mann zu erobern, hatte ich genug. Auch den verquasten Jeanne-d'Arc-Charme hatte ich gründlich satt. Sexbomben waren out. Ich summte grimmig «Viva Maria» und erinnerte mich genüßlich an den Tag, an dem ich meine Hüftgürtel und BHs in den Mülleimer geworfen hatte. Zarte Dessous sollten erotischer sein als gar keine? Es galt, mein grünes Plastik-Rhomben-Kleid zu verteidigen.

Der zickige Tennisspieler hatte eine großartige Zeit in den folgenden Jahren. Schrille Farben kehrten sich in Milchiges, Beat-Musik ins Psychedelische, die Röcke wurden länger und länger, sehr zum Ärger der Nutten von St. Pauli, die mir meinen nagelneuen Marine-Maxi-Mantel bespuckten (warum? Ich nehme an, weil es kalt war und weil die Länge ihrer Röcke beziehungsweise deren Kürze nichts mit Mode zu tun hatte); das laute Geschrei der Straße verwandelte sich in die verhaltene Beziehungsdiskussion. Alles Plastik war ekelig, alles Zarte, Natürliche en vogue. Aber der Tennisspieler würde ein Problem haben, davon war ich überzeugt, die Spitzendessous, von denen er mit Sicherheit träumte, waren jetzt aus weißer oder hautfarbener Baumwolle und eher schlicht im Design. Dazu Holzschuhe, Felljacken im Winter, selbstgefärbte T-Shirts. «Weniger wäre mehr gewesen». Jetzt hatte er es. Andeutung statt Provokation. Dennoch: Gerade die sanften Menschen mit den wallenden Haaren, wallenden Gewändern und der love- and peace-Idylle erregten den speziellen Haß einer ganzen Generation von schweigender Mehrheit.

Ich vergaß den Tennisspieler, als sich Männer und Frauen die Haare kurz schoren, bunt färbten und das gute, alte Leder wiederentdeckten. Schwarzes Leder, möglichst zerrissen, Wachstuch, Plastikfolien, Ketten, Nieten. Erotik war kein Thema. Nichts war angedeutet, alles ausgesprochen. Die Frauen trugen Netzstrümpfe und enge Lederröcke, Mieder oder Motorradjacken, die Männer Netzhemden oder Gummijacken. Das Häßliche ist schön. Das Abstoßende ist sexy. Obszönität ist schön. Aggression ist schön.

Mein grünes Plastik-Rhomben-Kleid hatte eine wichtige Zeit. Der schwarze Lippenstift schmeckte wunderbar, und die schwarzen Flecken auf den Zähnen paßten gut in die Monster-Landschaft.

Und dann ging alles sehr schnell. Die fünfziger Jahre wurden beschworen. Dreißigjährige in wippenden Petticoats mit Pferdeschwanzfrisuren. Die sechziger Jahre. New Romantics hieß es. Ein Revival schraubte sich an das andere, dann kamen die Revivals der Revivals, in immer rasenderer Folge drehte sich das Karussell.

Der zickige Tennisspieler hat sich ausgeklinkt, ich bin mir sicher. Vielleicht sucht er im Jogging-Anzug nach neuer, frischer Inspiration, nach Blendax-Erotik mit Schweißband und Pulswärmern, oder er schwärmt doch wieder mittendrin als Yuppie im Seidenjackett von Boris Becker. Die Tennisspieler haben im Moment einen leichten Vorteil, das muß ich zugeben. Boris Becker sei geil, heißt es.

Ich habe es aufgegeben. Ich kann nicht mehr. Mein Ausweg? Ich bin ganz einfach eine Schlampe geworden. Die Schlampe kennt keine Mode. Sie vernachlässigt sich. Die Schlampe ist unerotisch, weil sie, wie das Wort schon sagt, schlampt, das heißt, sie hat kein ausgeklügeltes System, ihre ohnehin schwindenden Reize einzusetzen. Die Schlampe lebt in den Tag hinein und schert sich einen Dreck. Sie hat den schlimmsten Ruf. Sie ist der natürliche Feind von Trends und Gegentrends, von Moral und Unmoral.

Mein grünes Plastik-Rhomben-

Kleid hat Zigarettenlöcher, Flecken und ausgerissene Säume. Es paßt wunderbar zu den roten Strümpfen mit den weißen Laufmaschenstreifen. Manchmal in der Nacht, wenn ich zuviel Whisky getrunken habe oder die Kinder plärren, wenn der Alte tobt und das dreckige Geschirr stinkt, grüble ich: Was hatte mir der schöne, blonde Engel mit der anmutigen Rückhand gesagt? Es war so etwas wie: Allzuviel ist ungesund.

P. S. Auf die Haute Couture, die alles, was von unten kommt, veredelt, die das Zuviel zum Weniger macht, damit es mehr wird, kann ich aus verständlichen Gründen nicht eingehen. Es wäre entsetzlich, wenn diese meine letzte Bastion auch noch von denen erobert würde.

Bettina Michael

DRESSED FOR SEX

Ein Fetisch wird
kommerzialisiert

*Die Flasche Mr. Sheen Polish ist fast
aufgebraucht. Mein neues Kleid glänzt
hochschwarz, so als wäre es gerade aus
dem Wasser oder besser: einer Öltunke
gezogen. Innen ist der Talc dünn ver-
teilt – ich schlüpfe in die zweite Haut.
Fest und eng spannt sich das Material
um meinen Körper. Jetzt noch die
schwarzen, ellenbogenlangen Handschuhe, transparente, glänzende
Strümpfe, die obligatorischen Lack-Sti-
lettos. Fertig für den Club. Ich fühl'
mich gut, bewege mich geschmeidig, genauso wie es mir das restriktive Kleid
vorschreibt. Mein eigener Körper macht
mir Spaß, eingepreßt in die schwarze
Haut aus Gummi, wie eine Rüstung
legt sie sich um die Figur. Ich bin im
eigentlichen Sinne keine Fetischistin,
brauchte, um Sex zu genießen, kein
spezielles Outfit, habe keine S/M-Nei-
gung.»*

(Eva, 28 Jahre, Grafikerin)

Um sich so zu inszenieren, muß Eva
nicht in einem **Latex-**Katalog mit
Anonymität versprechender Post-
fachangabe bestellen. Latex-Garde-
robe, **Leder** und Sado/Maso-
Accessoires sind heute in jeder

besseren Boutique zu finden. Zumeist strömen sie den Geruch des
Avantgardistischen aus. Die Pariser
Haute Couture ebenso wie die agi-
len Post-Punk-Produzenten in London verarbeiten Materialien, die bis
dato eher in heimlicher Verschwie-
genheit genossen wurden.

Als wandelnde Domina aus einem
einschlägigen Pornomagazin her-
umzulaufen wäre vor gut zehn Jahren schlichtweg unmöglich gewesen.

Ende der Siebziger jedoch holte eine
Engländerin all das aus dem sexuellen Underground hervor.
Vivienne Westwood eröffnete am
unteren Ende der legendären Kings
Road in London «**Sex**» – Pilger-
stätte eines jeden standesbewußten
Punks. Bevor sie ihre Kollektion
aus Gummi-Miniröcken, Korsa-
gen, Strümpfen und Strapsen, Bon-
dage-Hosen oder Nietengürteln zu-
sammenstellte, machte sie Recher-
chen in einschlägigen Kreisen, ver-
suchte das Gefühl des Fetischisten
zu ergründen und für ihre Zwecke
auszuwerten. Ihr Erfolg zeigt deutlich: Auf den sexuellen Stimulus,

den repressive, den Körper fest umschließende Kleider auslösen, reagieren bei weitem mehr Leute als die kleine, verschreckte Fetischisten-Gemeinde in irgendeiner dunklen Ecke unserer Moral. **Gummi** oder **PVC**, wie schon Jahre vorher **Leder**, konnten so zur Mode werden. Werden jetzt als Mode konsumiert. Was aber passiert, wenn ein Fetisch zu Mode degeneriert? Wenn brave, aber modebewußte Jungs und Mädels, für die Fetischismus ein rhetorischer Begriff aus dem progressiven Aufklärungsunterricht ist und die Gewalt allerhöchstens aus dem Fernsehen kennen, in Leder und Latex, Ketten und Strapsen in die Disco marschieren?

Die zweite Haut

Wer jemals Leder oder Gummi getragen hat, weiß, was die Faszination dieser Materialien ausmacht. Das Repressive, Körpernahe und Modellierende, der ganz spezielle sensorische Effekt ist ihr besonderer Reiz, wenn dieser auch beim Sado/Maso-Fetischisten, beim Punk oder Modefreak jeweils anders sein kann. Was jedoch alle gleich empfinden dürften, ist das Gefühl der Sicherheit, das sich mit der zweiten, künstlichen Haut, den festen Bändern und starren Masken über die Person legt.
Der **Sadomasochist** hebt ab auf die körperliche Restriktion, bis hin zum fühlbaren physischen Schmerz. Die Abstraktion, die Begrenztheit durch die künstliche Haut läßt den eigenen Körper als etwas außer sich, außer der Welt Stehendes empfinden. Der eigene Körper wird so über den sensorischen Narzißmus zum Medium.

Dagegen adaptiert der **Punk** die typische Herr/Sklave-Symbolik durch den Bondage-Outfit, um häßlich, abstoßend auszusehen. Ganz anders als der Fetischist, will er provozieren, an die Außenwelt gehen, anstatt im stillen Schlafgemach einer von den geltenden Moralregeln als pervers beurteilten Vorliebe zu frönen. Für beide wichtig ist sicher die Uniformität einer Gummi- oder Lederkleidung. Eine Uniform, die die typische Geschlechtertrennung aufzuheben scheint.

Für den Sadomasochisten repräsentiert das schwarze Outfit mit **Nieten, Gürteln, Kappen** immer die aktive dominante Rolle (beim Punk genau das gleiche), löst dadurch den entsprechenden erotischen Reiz aus (beim Punk völlig unerheblich). In seiner künstlichen Haut wirkt er wie eine gutgeölte Mensch-Maschine, die brutal über ihr gewähltes Opfer, das Fleisch, verfügt. Warum wohl werden in Science-fiction-Comics, Horrorfilmen oder in der Pornographie die aktiven und aggressiven Protagonisten in hautngen, schwarzen Anzügen mit Masken dargestellt? Eine Symbolik, die ganz klar die Machtstruktur unserer autoritären Gesellschaft widerspie-

gelt und deutlich parodiert. Typisch dafür: Der geplagte, Verantwortung tragende Manager, der erst nach einem masochistischen Wochenende mit einer brutal-verständnisvollen Dominatrix wahre Entspannung, Frische tankt, seine Furcht und Unsicherheit, die er sonst nicht zeigen darf, in Unterwerfung auslebt. Und so den Psychiater spart.

Auch der Punk parodiert die Gesellschaft, benutzt sein Outfit als Konfrontation. Mädchen, die sich vor 1976 mit Händen und Füßen dagegen gewehrt hätten, in Mutters Minirock über die Straße zu laufen, wandelten plötzlich in Kostümen herum, mit denen sie gerade einer billigen Pornoproduktion entstiegen schienen. **Shockabilly** nannte es Vivienne Westwood. Sprach vom Niederreißen sexueller Tabus. Davon, daß sich die Punks great fühlen müssen – primär durch Kleidung verursacht –, um selber aktiv zu werden, etwas zu ändern. Daß das alles fake war, braucht heute wohl nicht mehr extra betont zu werden. Die unbezahlbaren Kleinodien der Punk-Kultur standen in sichtbarer Diskrepanz zu den langen Schlangen vor dem Arbeitsamt. Ketten und Strapse waren wohl kaum Ausdruck gesellschaftlicher Zwänge. Das selbsternannte Punk-Image als «the blank generation» erfüllte sich in all seiner Widersprüchlichkeit. Die sich als am Rande der Müllhalden des kulturellen Verfalls definierenden Punks waren genau das:

ohne konkreten Ausdruck, ohne Wurzeln und ohne jegliche innere Überzeugung.

Ganze Heerscharen von Mittelklasse-Kids kauften mit Väterchens Geld ein Stückchen Proletarier-Chic und waren verdammt, nach dem Kompromiß des Abgefuckten und Eleganten zu suchen, nach dem Look der peinlich genau gestylten Armut.

Das nur zum Punk. Trotzdem brachte er im Modebereich einiges.

Brutalität wird chic

War es in der jüngsten Vergangenheit oft so, daß alte Trends von neuen, möglichst natürlichen abgelöst wurden, begann nach 1976 mit dem Punk die Künstlichkeit in die Mode einzuziehen. Eine Künstlichkeit, die in der heutigen hochtechnisierten, den Menschen und die Natur mißachtenden Gesellschaft bereits immanent ist. Und die gerade auch durch die Modeindustrie mit dem Schleier der Natürlichkeit und Individualität verhüllt werden soll.

Auf der Suche nach möglichst großer Individualität schienen plötzlich **Plastik, Latex, Vinyl, Ketten, Sicherheitsnadeln** etc. die geeigneten Mittel, en vogue zu sein. Die Assoziation zur sado-masochistischen Sex-Symbolik brachte da nur noch den Spezial-Kick. Sobald die erste Schockwelle überwunden war, Punk definitiv den Bach run-

terging, zur Ausdrucksform reni-
tenter Musterknaben degenerierte,
griff die Haute Couture zu. Brutali-
tät wurde chic, Sicherheitsnadel-
Dekadenz für die Angepaßten. Feti-
schistische Accessoires wurden zur
Mode. Und der alte Modemecha-
nismus setzte gnadenlos ein.
Wo Punk noch provokant und spie-
lerisch-ernst mit offensichtlich sexueller Symbolik asexuell umging
und damit einem freieren Umgang
mit Sexualität den Weg hätte berei-
ten können, penetriert die Industrie
genau diese Symbolik in altbekann-
ter, chauvinistischer Weise. Latex-
Bekleidung wird als Zeichen der
weiblichen Emanzipation propa-
giert, wobei die erzielte Wirkung
doch recht eindeutig-einseitig
bleibt. Logisch, daß die dominie-
renden Kräfte der Gesellschaft hier
eher daran interessiert sind, S/M-
Mode zu unterstützen, als sie ins
kulturelle Abseits zu stellen, wie die
echten Sadomasochisten.
Bestes Beispiel sind Musikvideos:
Kaum eine Gruppe, die nicht ohne
eindeutige S/M-Symbolik Kasse zu
machen versucht. Strapse, Latexbü-
sten und -pos zuhauf. Ein sexueller
Stimulus, der immer wirkt und sich
hervorragend verkauft.

Elmar Kraushaar

H ERKULES
U ND
A NALPHABET
Männer ziehen sich an und aus

Trägst du deinen Körper,
steht dir alles, was du trägst
Spliff

Die Sonne bringt sie an den Tag, die Oberschenkel der Männer, ihre Waden, ihre Bäuche. Ein kurzer Moment im Sommer: die Ampel springt auf Rot, mein Blick schweift nach rechts zum Bürgersteig, und ich sehe ihn. Groß, blonde kurze Locken, ein helles Trägerhemd, eine modische Jogginghose, die sitzt und nicht hängt. Pralle Oberarmmuskeln, ein Brustkorb, der sich wölbt und strotzt. Er lächelt selbstverständlich, schiebt einen Kinderwagen vor sich her, die Frau neben ihm ist klein, ihr Kleid tatsächlich grau mit unscheinbarem Muster. Passanten bleiben stehen, blicken ihm nach mit Bewunderung. Wechselte das Ampellicht nicht auf Grün, ich würde aussteigen und ihm applaudieren, stehend.

Der männliche Körper entblößt sich mehr und mehr, diese Mode greift um sich, und die strahlende Präsentation in kurzen Hosen und mit nacktem Oberkörper sommertags ist schon lange nicht mehr ein Privileg schwitzender Straßen- und Bauarbeiter. Kritische Intellektuelle streben ebenso nach dem vollendeten Körperbild wie Staatsbeamte und Industriemanager, wie Homosexuelle und Heterosexuelle. Diese Mode differenziert nicht mehr nach Klassen- und Schichtenzugehörigkeit, verwischt die Grenzen zwischen den Generationen und den gesellschaftlichen Gruppierungen. Die Männer werden gleich für den Moment, da sich ihre Körper in den Mittelpunkt stellen. Die geformten Körper verschaffen Geltung und Anerkennung nach eigenen Regeln und Gesetzen.

Nun sollte man sich nicht irren: dieser moderne Körper kommt nicht von ungefähr. Das, was uns männlich-markant erscheint an ihm, wird in mühevoller Arbeit auf den Punkt gebracht. Mit chromglänzenden Maschinen, elektronischen Zeitmessern und vor wändefüllenden Spiegeln wird hart trainiert und in schmerzhafter Lust geformt. Davor steht das Bild des idealen Körpers, um es dem wirklichen Körper aufzudrücken. Bei dieser Arbeit – und es lohnt nicht, anders davon zu sprechen – fallen keine Worte, und ein Denken wird hintangestellt. Nur die normierten Tätigkeiten einzelner Körperpartien zählen und der exakte Blick darauf. Der Blick in den Spiegel ist voller Konzentration, ohne Abschweifungen und ohne Zweifel. Die Zwischenergebnisse der Arbeit werden gemessen, gepflegt, präsentiert und bewundert. Ein Ende der Anstrengungen ist nicht in Sicht, und dieses beständige Ringen macht zweifellos das Leben aus auf dem Weg, dessen Endzustand nur noch eine gleichermaßen tote Oberfläche des gewünschten Körpers kennt.

Befragt man diese Arbeiter nach dem Sinn ihres Tuns, so erhält man schwerlich Antworten. Die Rede ist von den eigenen Grenzen, die man spüren möchte, und von den Schmerzen, die an einem Punkt plötzlich umschlagen in Lust. «Da beginnt die Sucht», hat mir einer verraten. «Die Sucht wonach?» «Na, ich weiß nicht.» Das klingt nach Gipfelstürmerei und Überlebenstraining, nach dem Ausgesetztwerden in unbezwingbarer Natur und dem ewigen Kampf gegen mythische Kräfte außerhalb des Selbst. Dabei liegt der Dschungel in den dichtbesiedelten Städten, statt Lianen gibt es Maschinen, statt steiler Felswände schwere Gewichte. Sportstudios und Fitnesszentren eröffnen an jeder zweiten Straßenecke, das Geschäft mit dem Körper

verzeichnet gleichwohl steigende Tendenz wie das mit der Pornographie. Parallel dazu erzeugt die passende Bekleidungsindustrie die Produkte, die das neu Geschaffene optimal freilegen, spezielle Medien liefern immerfort die gleichen Idealbilder in Farbe und Hochglanz, die chemische Industrie gibt mit eigens gewonnenen Präparaten ihr übriges dazu.

Die Arbeit, die hier so großangelegt

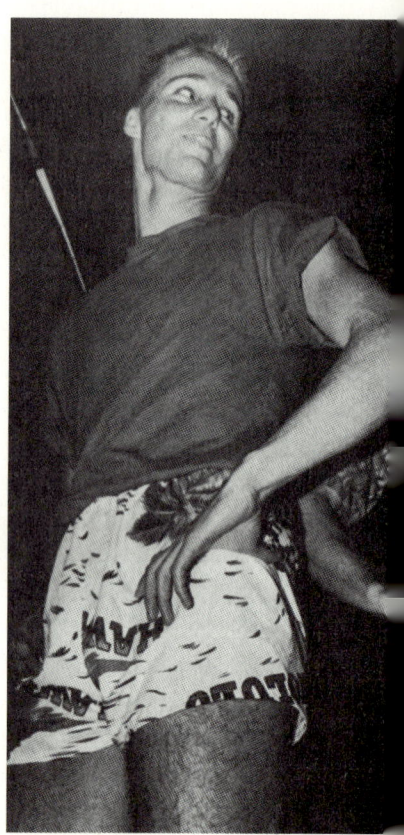

vollzogen wird, verhilft den Männern zu neuem Sinn, auch wenn er sich nicht so leicht zeigt wie die neuen Körperformen. Längst haben sich die modernen Männer in vielen ihrer angestammten Plätze erübrigt. Sie müssen nicht mehr nach Beute jagen, um das Überleben zu sichern, keine Kriege mehr führen, um ihre Territorien zu schützen, keine Körperkraft mehr einsetzen, um sich in den traditionellen Berufsbildern zu

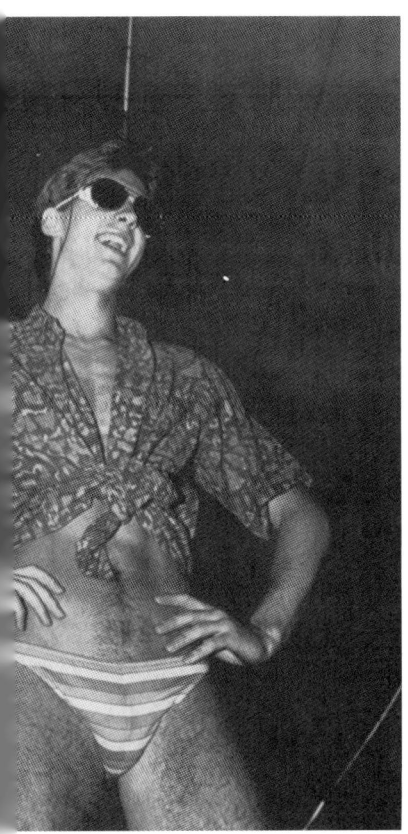

bewähren. Die körperliche Kraft spielt gesellschaftlich keine Rolle mehr.

Die Muskelkraft, die der Bauer noch brauchte, der Holzfäller, der Schmied, der Bauarbeiter und all die übrigen Figuren, die an eine vergangene Zeit erinnern, ist funktionslos geworden. Das Bewußtsein der Stärke, der Allmacht und Omnipotenz, das von den Körpertätigkeiten direkt ausging, ist dahin. Sind es doch die vielen Maschinen, die so vieles abnehmen und erübrigen, so müssen es jetzt Maschinen sein, die den modernen Mann das Verlorene zurückgewinnen lassen.

Dabei ist auch viel von Natürlichkeit die Rede, die vor allem die kritischen Geister antreibt, Opfer an den schweißtreibenden Geräten zu bringen. Ganz natürlich soll es sein, den Körper wieder zu spüren in jeder Faser und mit jeder Anstrengung. Das klingt nach Gesundheit und somit auch nach Glück. Der Körper wird fit gehalten, damit er den Streß aushält, robust und widerstandsfähig bleibt für ein langes Leben. Fit zu sein zeugt von einem neuen Lebensgefühl und viel Selbstverantwortung. «Bio ist modern», antwortete mir mein Bäcker auf die Frage, warum denn sein Vollkornbrot nun Bio-Brot heißt. So wie es modern ist, seine Freizeit im Studio oder im Center zu verbringen, um sich up zu warmen und dann seinen body zu builden. Der Gedanke an die Gesundheit bringt den einzig greifbaren Sinn für die Torturen.

Das ganze Heben und Beugen und Drücken und Reißen ist alles andere als natürlich, vielmehr geht es darum, das Kunststück am eigenen Körper zu vollenden. Dieses Kunstwerk, das nur noch Kraft signalisiert und Stärke und Gesundheit, will der Mann sich selbst als Denkmal setzen. Wer würde es sonst noch für ihn tun?

Nachdem der nackte Körper des Mannes ausgebrochen ist, fällt es schwer, ihn wieder anzuziehen. Aber das ist nichts Neues, sich anzuziehen gelang den Männern noch nie so recht. Da sind sie Analphabeten, im souveränen Umgang mit Farben und Design, mit Stoffen und Schnitten. Keine Phantasie, keinen Mut, keinen Geschmack. Schauen Sie in den Kleiderschrank des gewöhnlichen Mannes: ein Anzug oder zwei, für besondere Anlässe; ein Jackett, dezent für jede Gelegenheit, dazu drei Hosen im Wechsel; der Rest – Jeans, Pullover, T-Shirts – ist sportlich, praktisch und bequem. Und untenrum? Neulich fragte mich ein männerbewegter Freund, ob ich den Unterschied kenne zwischen homo- und heterosexuellen Männern. «Die Heteros lassen sich ihre Unterhosen kaufen, von den Müttern, Freundinnen oder Ehefrauen.» Das ist das ganze Geheimnis, und entsprechend sieht es auch aus im Schrank: Doppel- oder Feinripp zur Auswahl, dazwischen ganz aufmüpfig ein bunter Boxershort. Das war's. Die Revolution findet auf keinen Fall beim Herrenausstatter statt, mal abgesehen vom Wechsel vom Ein- zum Zweireiher, von den weiten Jeans zu engen – turnusgemäß alle zehn Jahre. Oder wie es die Marktstrategen so schön formulieren, diesmal für die Winterkollektion 1987/88: «Einen Kopf tiefer findet eine Revolution gegen Paisley und Clubstreifen statt: In schönster Übereinstimmung votieren so verschiedene Designer wie Yamamoto, Ferré, Gigli und Hammett für die einfarbige Krawatte.» (Männer Vogue). Na bitte!

Aber ist es nicht richtig so, wie es ist? Der Mann hat einfach keine Zeit für den ganzen modischen Firlefanz. Schließlich muß er arbeiten, und das hart und viel. Da fällt kein Blick ab für die schöne Schale, weder für die eigene noch für die des Nebenmannes. Die Konkurrenz der Männer untereinander trägt sich woanders aus: im Kampf um hochdotierte Positionen, im Auftritt mit einer schönen Frau am Arm, in der PS-Zahl, in Farbe und Blech verpackt draußen vor der Tür. Im Verpacken der eigenen Außenhaut sind die Männer – rollengemäß – stur und unbeweglich. Konservativ und ohne Riecher. Freudlos.

Es fehlt den Männern nicht nur an Zeit, wenn es um die Bekleidung geht: sie haben es auch nicht nötig. Die Frauen nehmen sie so, wie sie sind, als ob der eine Mann auch der einzige und letzte wäre. Für sein Aussehen sind sie verantwortlich, mit ihrem Sinn – rollengemäß – fürs Gepflegte und Geschmackvolle. Sie

besorgen das Heim mit Farbe, Möbeln und Gemütlichkeit, das schult die Sinne auch für den aktuellen Krawatten- oder Unterhosen-Kauf.

Andrea Renk hat diese vorgeblich weibliche Tugend zum Beruf gemacht, als «Typenberaterin» ist sie zuständig «für mehr Stil- und Styling-Sicherheit» ihrer männlichen Klientel. Sie erzählt ihren Kunden etwas vom richtigen Haarschnitt, gibt Tips zu Körperpflege und Make-up und begleitet sie schließlich beim Klamottenkauf. Im Fach-Magazin «Der Mann» antwortet sie auf die Frage nach dem perfekten Mann: «Nobody is perfect! Aber wer sich seiner eigenen Ausdrucksmöglichkeiten bewußt ist, erlangt garantiert mehr Selbstvertrauen und Attraktivität.»

Dieses neue Berufsbild bezeugt nachdrücklich das schlechte Verhältnis zwischen Männern und Mode. «Bis vor kurzem fand der deutsche Mann allein schon das Wort Mode grotesk», gibt Jil Sander im Spiegel zu Protokoll, «aber das hat sich geändert und wird sich noch mehr ändern.» Auch das ist richtig, schließlich arbeitet seit Jahren ein eigens entwickelter Wirtschaftszweig dafür, die Männer vermehrt zur Boutiquenkasse zu bitten. Herrenmode-Magazine treten auf den Plan und bringen graue Männerbeine mit ständig wechselnden Trend-Meldungen auf Trab, Modemacherinnen spezialisieren sich zunehmend auf das vernachläs-

sigte Geschäft, das Schlagwort vom «neuen Mann» wird kreiert, um zuvorderst Ehrgeiz und Eitelkeit der blassen Jungs zu mobilisieren. Götz George alias Horst Schimanski, Deutschlands Mann schlechthin und laut Männer Vogue einer, der «dampft vor Männlichkeit», gibt dem Markt Filmnamen und Jacke her, und jedermann trägt sie jetzt wie eine zweite Haut. Zwar ist das Teil nicht mehr als ein verknautschter Anorak von einst, aber mit dem Namen handeln Männer sich den Mythos ein von Männlichkeit, exquisitem Body, scharfer Anmache und schlagender Selbstjustiz. Schimanskis Jacke ist kein Einzelfall und gibt die Richtung an für das Modebewußtsein der neuen Männer. Sind die traditionellen Werte des Mannes schon längst nicht mehr gefragt und ist sein Selbstbild im ständigen Wechsel zwischen Softi- und Chauvi-Pose ordentlich durcheinandergebracht, so müssen neue Kleider her, die alten Tugenden zur Schau zu stellen. In puncto Mode setzt der neue Mann einzig auf Männlichkeit. In den neuen Kollektionen wimmelt es von «sailor-look», Holzfällerkaros, «cowboy-dreams» und «Safari-outfit». Jeans sind «lässig, aber zuverlässig», V-förmige Knopfleisten «machen breite Schultern noch breiter», und schlichte Anzüge versprechen ein «maßgeschneidertes Stück Freiheit». Die einfallslosen Produktnamen der Marktstrategen zaubern aus jeder Herrenboutique ein

Wachsfigurenkabinett abgetretener Macho–Monster: «Cordtrench nach Gutsherrenart», «Proletarierstil in Jeans», «Fifties-Macho à la Marlon Brando», «Pilot im Schafspelz», «Rockerkluft für die Oper», «Der diskrete Charme der Land-Aristo-kratie», «Walfängerstrickhaube», «Dandywesten», «Trapperjacken» und «Tartan-Taumel».

Die Grenzen männlicher Phantasie sind somit gesetzt, der Spielraum ist nicht größer als die Kinderstube von früher mit Karl-May-Story und Carrera-Autobahn. Wenn Mode in ihrer saisonalen Flüchtigkeit etwas einfängt vom Innenleben der An-hänger, so ist's um die männlichen Innereien schlecht bestellt. Die Abenteuer, die das wirkliche Leben nicht mehr bietet, finden statt auf der Außenhaut, die angestammte Macht, deren reale Auswirkungen weit mehr als in Frage gestellt sind, sortiert sich proper im Kleider-schrank, das vom Sockel gestürzte Ego klammert sich an antiquierte Insignien und billige Accessoires. So weit, so schlecht. Sich über die Modemuffelei der Männer zu mo-kieren, gehört zum Standard. Daß sich Kleider nur an den Mann brin-gen lassen mit dem Hinweis darauf, daß die Männlichkeit mitgeliefert wird, ist ein alter Hut. Zu konstatie-ren bleibt, daß der Einsatz dieser Strategie gehörig zugenommen hat, daß die Männer auf der Straße ge-nauso angesprochen sind, wie wei-land nur die Herren in den oberen Etagen.

Und neu ist, daß immer mehr Männer das Spielchen wirklich mitspielen. Die einst weibliche Vorherrschaft in Sachen Verkleidung und Eitelkeit ist längst gebrochen. Männer gehen tatsächlich im Holzfällerdress auf die Straße und drehen sich als Marlon Brando vor dem Spiegel, Männer riechen besser, und ihre Haut ist ihnen auch schon mal eine Creme wert. Das zeugt von einem veränderten Selbstbewußtsein, das nicht nur als Ausdruck eines kapitalistischen Vermarktungsinteresses zu geißeln ist.

Fitness-Boom und Sportstudio-Schwemme sind beileibe nicht allein Hinweis darauf, daß sich hier nur der Profi-Herkules tummelt, und wir sind weit davon entfernt, die männlichen Passanten mit einem Auftrieb der Kämpfer Spartas zu verwechseln. Was gestern noch den Frauen vorbehalten schien, haben Männer inzwischen auch für sich entdeckt: ihren Körper und den Wunsch, denselben auch zu zeigen. Männer mögen's plötzlich erotisch, für sich selbst und für alle anderen. T-Hemdchen im Sonner legen Brustwarzen frei und rutschen hoch, den Bauchnabel zu zeigen: unbekümmert und ganz nebenbei, dabei gekonnt kalkuliert. Männer sind nicht mehr nur jovial hochgeschlossen, sondern auch kokett entblößt und sexy bis zum Anreiz. Sie gehorchen dem virilen Modediktat und sind doch spielerisch dabei, das Rollenfach wechselt vom verführerischen Träumer bis hin zum Draufgänger ohne Kompromiß. Der

Kopf sitzt auf dem Körper, und der drängt unaufhaltsam sich nun vor. Vorbei sind die Zeiten, als nur der Kopf befahl und alles Körperliche vertuscht blieb unter waberndem Einerlei. Galt männliches Interesse

fürs dekorative Äußerliche bislang als unmännlich und war den schrillen Schwulen vorbehalten, so setzen sich langsam die Signale und Reize durch: begehrenswertes Objekt, das bin ich auch!

Zwar kreist alles noch um den Mythos Mann, bis hin zum Dernier cri der Unterbeinkleider des Designers Nikos Apostolopoulos, der durch raffinierte Nahtspiele und besondere Schnitt-Techniken dem Ge-

schlechtsteil deutliche Geltung verschafft. Doch kündigt sich selbst darin auch der Wandel an: der nackte Mann in der Werbung blendet langsam auf, mehr und mehr legt er sich offen, wird sichtbar und vertraut. Das Geheimnis bleibt nicht länger ein Geheimnis, kehrt in den Alltag ein als liebenswertes Detail. Der Mann lernt Ich zu sagen – und sei es vorerst nur in der Mode, auch wenn er sie so nicht nennt – ohne imperative Geste mit der Faust auf den Tisch. Geht's doch nur um kleine Eitelkeiten, die mehr Raum gewinnen, und kleine Rollen, die die Gemütslage nach außen kehren. Die kokette Nebensache und der große Zampano finden langsam zueinander.

Mode . . .

. . . ist ein sehr wandelbarer Begriff. Immer entspricht sie dem Zeitgeschmack und eilt ihm kreativ voraus. Mode ist aber auch manipulierbar, und böse Zungen sprechen gar vom Diktat der Mode. Auf jeden Fall aber ist Mode etwas, das uns schmückt und unser Selbstbewußtsein hebt.

Mit unserem Selbstbewußtsein hängt ein anderer Bereich menschlicher Aktivität zusammen, der keiner Mode unterworfen ist. Unbeeinflußt von Modeströmungen ist das Bedürfnis, mit dem eigenen Geld etwas Vernünftiges anzufangen.
Sparen ist immer modern.

Alexandra Beilharz

MONSIEUR
A LA MODE:
DER DANDY

Ein Dandy ist ein kleidertragender Mann, ein Mann, dessen Geschäft, Amt und Existenz im Tragen von Kleidern besteht», schrieb der Philosoph und Schriftsteller Thomas Carlyle.

Doch reflektiert die Kleidung nur einen Teil seines Wesens. Sie ist sich keineswegs selbst genug, sondern vielmehr Ausdruck einer Lebenshaltung. Der Begriff Dandy wird heute insofern oft falsch gebraucht, als damit allgemein Männer bezeichnet werden, die besonders extravagant gekleidet sind und damit ihrer Eitelkeit überdeutlich Ausdruck verleihen. Aus diesem Grund muß der Dandy zunächst von einigen anderen Vertretern des Eitlen abgegrenzt werden: am häufigsten wird er mit dem **Beau** verwechselt; dieser ist ganz Eitelkeit, er will um jeden Preis vermittels seiner Kleidung auffallen, was zur reinen Effekthascherei gerät. Und daß gerade George Bryan Brummell, der «König der Dandys», als **Beau** Brummell bezeichnet wird, ist insofern irreführend, als gerade den Dandyismus als Philosophie in besonderem Maße kultivierte.

Ab 1770 gab es vor allem in England eine fast unübersehbare Vielfalt von Gruppierungen, die man als entfernte Vorläufer des Dandys bezeichnen könnte: die **macarronies,** welche sich rühmen konnten, in Italien gewesen zu sein, die **corinthiens,** die **incroyables,** die **ruffians,** die die Frauen verachteten, und schließlich die **fashionables,** von denen ein Chronist zu berichten weiß, daß ihr Gehirn ohne weiteres in eine Nußschale passe. Wichtigste Wegbereiter des Dandys waren jedoch auf jeden Fall die Beaux und die Bucks – letztere sind als namentliche Abkürzung des Herzogs von Buckingham zu verstehen. Der Begriff Dandy kam erst zu Beginn des 19. Jahrhunderts auf. Seine Etymologie ist umstritten.

Es wird behauptet, daß «Dandy» sich von französisch «dandin» herleite, was soviel wie «Lackaffe, Dummkopf» heißt. Dandytum ist immer an einzelne Personen gebunden und kann niemals ein Massenphänomen sein. Allzuoft wird der Dandy mit dem **Snob** verwechselt. Dabei ist im Gegensatz zum Snobismus das Dandytum nicht erlernbar,

sondern gewissermaßen angeboren. Der Dandy kreiert eine Mode und bleibt dabei Individualist, der Snob ahmt nach, um dazuzugehören. Der Dandyismus ist eine typische Erscheinung des 19. Jahrhunderts. Unumstritten ist England das Land seiner Entstehung. Man kann ihn als Gegenbewegung zur Strenge des Viktorianismus verstehen – gleichermaßen war dies jedoch die Zeit der großen Umwälzungen, das beginnende Zeitalter der industriellen Revolution. Damit ist das Dandytum einerseits die Reaktion auf ein starres Gesellschaftssystem, während er andererseits ein Festhalten an traditionellen Werten in einer unsicheren Zeit symbolisiert. Da eine gewisse Kühle und noble Zurückhaltung im allgemeinen eher der englischen als der romanischen Mentalität zugeschrieben werden, ist es weiterhin nicht erstaunlich, daß England als Wiege des Dandyismus gilt und daß auch George Byran Brummell, der «König der Dandys», aus eben diesem Königreich stammte.

«Beau Brummell» wurde 1778 geboren und war schon mit sechzehn Jahren Fähnrich im Regiment des Prinzen von Wales, des späteren George IV., welcher als sehr elegant galt. Doch in Beau Brummell hatte er bald seinen Meister gefunden. Brummell war stets von vollendeter

Eleganz – unter der Devise, daß gut gekleidet zu sein bedeute, nicht aufzufallen. Von 1794 bis 1816 war er der begehrteste Mann Londons, der durch seine Anwesenheit eine Gesellschaft zur Attraktion machte und sie durch seine Abwesenheit zu einem Nichts herabwürdigte. Dabei verliehen ihm sein Äußeres und seine Spottlust bis hin zur Impertinenz und zum Zynismus uneingeschränkte Macht über die Londoner Gesellschaft.

So zurückhaltend abweisend der Dandy gegenüber seinen Mitmenschen war, so dezent gab er sich auch in seinem Äußeren. Wer sich unter einem Dandy einen aufgeputzten Mann mit bunt schillerndem Äußeren vorstellt, der sich in der Exzentrik gefällt, ist einem Pseudodandyismus aufgesessen. Vielmehr zeichnet sich der Dandy durch vornehm unaufdringlichen Geschmack aus. Er meidet auffallende Farben und verspielte Einzelheiten. Die einzigen Zugeständnisse zum Detail, die er sich erlaubt, sind Handschuhe, Spazierstock und natürlich die unvermeidliche Krawatte, derer er zuweilen Hunderte besitzt – wie der Graf de Montesquieu, der seine Krawattensammlung in einer Glasvitrine in der Mitte seines Ankleidezimmers ausgestellt hatte. Als Konsequenz gibt es dann auch die verschiedensten Arten, eine Krawatte zu binden: à l'américaine, à l'orientale, à la Lord Byron, en coquille et cetera pp. So durchzieht das Prinzip, daß die

Graf Wilhelm von Redern   Beau Brummell   Englischer Incroyable

unauffälligste Kleidung zugleich auch die vornehmste sei, leitmotivisch die Dandymode. Als man Beau Brummell von einem Mann berichtete, der so gut gekleidet gewesen sei, daß sich die Leute nach ihm umdrehten, antwortete er schlicht: «Dann war er nicht gut gekleidet.» Er selbst verstand seine Krawatte wie kein anderer zu binden. Dabei beherrschte er die Kunst, den Eindruck zu erwecken, daß seine Kleidung zufällig gewählt und seine Krawatte mit äußerster Sorglosigkeit gebunden zu sein schien – daß er Stunden vor dem Spiegel verbracht hatte, um eben diesen Effekt zu erzeugen, ist ein Phänomen, auf das man bis heute zuweilen bei besonders gut gekleideten Menschen stößt. Um seine unauffällige Eleganz zu unterstreichen, wählte

Beau Brummell gedeckte Farben und Schwarz, womit die nachhaltige Wirkung seines Einflusses auf die Herrenmode bis heute erwiesen wäre. Baudelaire billigt den Künstlern der Mode dasselbe Genie wie manch einem Maler zu: «Die großen Koloristen verstehen, mit einem schwarzen Frack, einer weißen Krawatte und einem grauen Hintergrund farbig zu gestalten.» Die Aufwendigkeit des dandyistischen Lebensstils erforderte selbstverständlich einen erheblichen finanziellen Hintergrund. Die echten Dandys waren adliger Herkunft oder mindestens sehr wohlhabend. Oft jedoch verzehrten die enormen Ausgaben oder, wie bei Beau Brummell, das Spiel ihr gesamtes Kapital. Dabei ist es außerordentlich wichtig, daß dem Dandy am Geld an sich nicht gelegen ist. Geld ist nur Mittel zum Zweck, und daher könnte, wie Baudelaire sagte, im Grunde auch ein unbegrenzter Kredit genügen, um die Unkosten des Dandys zu decken. Der Dandy ist der Prototyp des Müßiggängers, der seine Überflüssigkeit obendrein genießt.

Théophile Gautier sagte sogar, daß es nichts wirklich Schönes außer dem gebe, welches keinen Nutzen habe.

Beim Dandy verbinden sich Eleganz und Esprit mit einer bis zum Ichkult gesteigerten Eitelkeit. Der Dandy möchte auffallen und wirken. Er überrascht durch ungewöhnliches Verhalten und Auftreten, was bis hin zum Zynismus und zur Impertinenz geht; wenn er dabei Mißfallen erregt, um so besser. Natürlich benötigt der Dandy stets den Gegenpart derer, auf die er wirken kann. Hier zeigt sich seine zunächst fast unvermutete Intelligenz. Er weiß um seine Wirkung und die Empfänglichkeit der Masse für sie. Je ausgefallener seine Handlungen, desto größer ist die Bewunderung derer, die nicht wagen, aus dem Rahmen zu fallen. Dabei wird der Dandy weniger bewundert, weil er neue Maßstäbe setzt, sondern weil er aus den bekannten herausfällt. Der Dandy läßt sich niemals in Erstaunen setzen. **Nil mirari, nil admirari** (sich nicht wundern, nicht bewundern) ist sein unumstößlicher Grundsatz. In des Dandys Adern fließt das Blut kalt und blau. Dabei sei es dahingestellt, ob er tatsächlich an einem Mangel an Gefühlen leidet oder ob er diesen nur zur Schau stellt. Dem professionellen Dandy wird sein Gleichmut leichtfallen, da er nur an sich selbst glaubt. Dagegen geben eher halbherzige Dandys wie Alfred de Musset zu: «Ich wollte für blasiert gelten, wo ich zugleich doch voller Begierden war.» Einer der entscheidendsten Wesenszüge des Dandytums ist die Tatsache, daß Frauen grundsätzlich davon ausgeschlossen sind. Zwar liebt der Dandy die Frauen, kann sich jedoch einer gewissen Verachtung ihrer nicht enthalten und wird jedoch – gerade deshalb? – oft um so mehr geliebt. Es ist Baudelaire, der die Einstellung des Dandys zu den Frauen am treffendsten charakterisiert: «*Die Frau ist das Gegenteil des Dandys. Also flößt sie Grauen ein. Die Frau hat Hunger, und sie will essen; Durst, und sie will trinken. Sie ist in Brunst und will gefickt werden. Schönes Verdienst! Die Frau ist* natürlich, *das heißt abscheulich. Daher ist sie immer vulgär, das heißt das Gegenteil eines Dandys.*» Auch sie liebt der Dandy also höchstens, um von ihr angestaunt zu werden. Und so bleibt er auch im sexuell-erotischen Bereich in seiner selbstgewählten Isolation. Manchmal wird dem Dandy auch ein Hang zur Homosexualität und zum Androgynen nachgesagt. Eher wird jedoch Sartre mit seiner These recht haben, daß, was den Mythos des Dandyismus ausmache, nicht Homosexualität, sondern Exhibitionismus sei.

So unterscheidet sich der Dandy in fast allen Lebensbereichen von der übrigen Menschheit. Dies ist vielleicht eines der erstaunlichsten Phänomene seines Charakters: Sogenannte Normalsterbliche lehnt er rundweg ab, grundsätzlich gibt er sich misanthropisch – dabei ist er jedoch gleichermaßen auf die von ihm als gewöhnlich verachtete Masse fixiert. Ohne sie als Pendant kann er nicht existieren. Entzöge man ihm die Bewunderung, gelänge es ihm nicht mehr zu verblüffen, und sein ganzes System fiele in sich zusammen.

Doch wie lange bleibt ein Dandy er selbst? Meist nicht ein ganzes Leben lang. Einige wenige lassen den Dandyismus als jugendliche Kaprice hinter sich, geben sich damit allerdings dem Verdacht preis, nie richtige Dandys gewesen zu sein. Andere wiederum flüchten sich in eine neue Euphorie, besonders in den Katholizismus, wie die Schriftsteller Barbey d'Aurevilly, Baudelaire und Huysmans, die allerdings auch nur halbherzige Dandys waren. Huysmans läßt seinen Romanhelden des Esseintes denselben Weg nehmen. Am Ende des Buches findet er, völlig entkräftet von der Befriedigung all seiner Launen, den Weg zum katholischen Glauben. Die echten Dandys dagegen gehen einen dritten Weg, auf welchem der Dandyismus zur letzten Konsequenz wird. Brummell, durch das Spiel ruiniert, klammerte sich bis zu seinem trostlosen Ende an seine Erinnerungen aus einer besseren, gloriosen Zeit. Als seine Ironie auch vor George IV. nicht mehr haltgemacht und er, im Hydepark auf den gealterten König zeigend, gefragt hatte: «Wer ist dieser dicke Mensch?», ging seine Ära langsam zu Ende, zumal seine Spielschulden ins Unermeßliche gewachsen waren. 1816 verließ er England, ging nach Calais in ein selbstgewähltes Exil und starb dort 1822 in geistiger Umnachtung und völlig verarmt. Oscar Wilde, der sicher der Romanfigur Lord Henry Wotton seine eigenen Züge verliehen hat, manövrierte sich bewußt ins gesellschaftliche Abseits. Und bei Sir Thomas Wainewright, einem umfassend gebildeten und kunstinteressierten Dandy, ging die Menschenverachtung so weit, daß er zum mehrfachen Giftmörder wurde. Wainewright starb nach Jahren der Deportation völlig vergessen, nicht ohne sich ausgiebig darüber beklagt zu haben, daß er an dem Ort seiner Verbannung nur von Bauerntölpeln umgeben sei.

Mit dem Fin de Siècle verschwand der Dandy. Roland Barthes gibt in **Das Dandytum und die Mode** «die Erfindung einer Mittelsmacht zwischen absolutem Individuum und totaler Masse» als Ursache für das Sterben des Dandytums an. Einen wesentlichen Beitrag zu diesem Sterben hat die Entwicklung der Mode geleistet. Im Grunde hat die Erfindung der Konfektion dem Dandyismus das Genick gebrochen.

Vielleicht könnte man in unserer Zeit vereinzelt einigen Menschen noch einen dandyistischen Lebensstil zugestehen, wie zum Beispiel dem mittlerweile verstorbenen Krupperben. Doch das bleiben Ausnahmen in einer Zeit, in der das Streben nach Individualismus zur Uniformierung geraten ist.

Arndt von Bohlen

Thomas Böhm / Birte Lock

STARS UND MODE

Schon immer eigneten sich Stars in ihrer Funktion als Idole und in ihrer globalen Präsenz hervorragend, Modetrends auszulösen, zu beeinflussen und voranzutreiben. Was die Stars anzogen, war durch ihre Anziehungskraft zur Nachahmung empfohlen. Die zweite Haut der Vorbilder avancierte automatisch zur in Sonderangeboten erhältlichen Identifikationsmöglichkeit. Konnte man sich als Fan-Konsument schon nicht den Ruhm teilen, so doch wengstens durch «denselben» Geschmack Nähe erlangen. Dabei spielte es für die Modebranche und Kleidungsindustrie letztendlich keine große Rolle, in welcher Art und Weise die Helden aus Film, Theater, der Musik und aus dem Fernsehen den Käufern etwas vortrugen. Denn ob der modebewußte Star in seinem Narzißmus launisch alle Varianten und Strömungen in sich aufnahm und weitertransportierte oder zur stilistischen Vollendung seines Gesamtbildes Selbstkreiertes ins Ensemble seiner Symbole (hierzu gehören auch Gestik, Sprache und Habitus) mit aufnahm und so zum Mode-Vorbild oder modischen Vorbild wurde – das Resultat blieb das gleiche.

Auch die populären Führer und schmucken Fahnen immer wiederkehrender Jugendrevolten agierten zu einem Teil lediglich als Ideenlieferanten einfallsloser Modeschöpfer oder preiswerte Werbeträger einer neuen Generation kreativer Designer. Und selbst die «ollen Klamotten» und die sogenannte «Anti-Mode» einiger modegleichgültiger Berühmtheiten erhoben sich über die Träger zur Haute Couture. Funktionierten die Stars in früheren Tagen eher als aktive Multiplikatoren, manchmal sogar als Modemacher, wurden sie im Zeitalter der Medien zu Modellen degradiert, die auf den Laufstegen der verschiedensten Stilrichtungen und Ausdrucksformen die Mode präsentieren, die ihnen vorher clevere Marktstrategen und Modedealer maßgeschneidert verpassen konnten.

Aber ist es wirklich von Bedeutung, woher, von wem und wodurch die Leute ihre Mode kriegen? Hauptsache ist doch, es sieht gut aus, oder?

Asta Nielsen

Was als praktische Notwendigkeit begann, entpuppte sich als einer der größten Modeclous der zwanziger Jahre. Asta Nielsen, der große Star des Stummfilms, übernahm 1920 die Rolle des «Hamlet» auf der Leinwand. Dafür mußten die Haare ab, und sie blieben kurz. Nicht nur bei Asta Nielsen, die auch privat Gefallen an ihren selbstgestutzten Locken fand, sondern auch für viele Frauen ihrer Zeit. Wer von der Mode der Zwanziger spricht, nennt auf jeden Fall den Pagenkopf: kurze, glatte Haare, rundherum gerade abgeschnitten.

Es war das erstemal, daß sich die Frauen erlaubten, auch ohne langwallende Locken schick zu sein. Ob zur Opernpremiere oder über dem Spülstein, ob bloße Nachahmung oder Symbol der Emanzipation: Die Kurzhaarfrisur blieb.

Carole Lombard

Makellos rein und sauber: So präsentierte sich der «Lombard-Look». Blond mußte sie sein, selbstredend, und dazu das Haar leicht gewellt, die Augenbrauen gezupft, am Ende mit einem Flügelschlag aufwärts. Ein gutes Mädel war die Lombard, mit reinem Herzen, heiter, sorglos und gelassen, gleichzeitig selbstsicher und immer ein bißchen frech. Die Damen der Gesellschaft versuchten alles, es ihr gleichzutun. Fraglich, ob sie auch den Witz erreichten, den Carole zumindest in ihren Filmrollen hatte. Sie spielte in den besten «screwball-comedies» ihrer Zeit, so in «Mein Mann Godfry» von 1936. Als Carole Lombard auch noch Clark Gable ehelichte, war die bleibende Legende der tugendhaften Schönheit perfekt.

Greta Garbo und Marlene Dietrich

Sie waren der Inbegriff des neuerwachten weiblichen Selbstbewußtseins, nach dem die Frauen der Dreißiger strebten. Kühl und distanziert, den Charme berechnend einsetzend. Nichts blieb mehr von dem hausbackenen Weiblichkeitsbild der vergangenen Jahre. Die beiden Damen dienten als Vorbild für die spröde, überlegene Frau, die Sex mit Sachlichkeit verband. Als «Königin Christine» zeigte Greta Garbo 1933, wie die neue, unabhängige Frau auszusehen hatte: eine flache Brust unter eckigen Schultern, schmale Hüften, die schönen und langen Beine steckten in Hosen, die Augenbrauen millimeterschmal gezupft, dafür ein breitgeschminkter, dunkelroter Mund. Auch bei Marlene Dietrich spielten Hosen eine wichtige Rolle. Im «Haus der Sieben Sünden», 1940, zeigte sie vor einer Horde wildgewordener Matrosen, was heute ein Klassiker ist: ihre weite

Marlene Dietrich

Bundfaltenhose mit Schlag, hell und aus Leinen oder Baumwolle. Beide, die Garbo und die Dietrich, boten zum erstenmal eine *femme fatale* mit androgynem Einschlag, eine Mischung, die gerade heute wieder aus der Mottenkiste der alten Vorbilder hervorgekramt wird.

Humphrey Bogart

Eine Seite der Hutkrempe ragte weit ins Gesicht und warf einen Schatten auf die melancholischen Augen. Die Zigarette lässig im Mundwinkel, und dazu der unvermeidliche Trenchcoat: So präsentierte sich «Bogie» in vielen seiner Filme. Den Trench gab es schon lange, aber erst er hat ihn zu einem Kleidungsstück gemacht, das auch heute noch für den coolen Frauenhelden ein Muß ist. Humphrey Bogart war ein tough guy, nicht der erste im Film, aber der erste, der Stil zeigte. Was wäre ein Philip Marlowe ohne Trenchcoat? Daß ein solcher Mantel auch ein Schritt in eine innige Männerfreundschaft sein kann, zeigt uns die Schlußszene von «Casablanca» (1942).

Bis heute wirkt die Faszination dieses smarten Alleskönners nach. Und auch Frauen tragen heute Trenchs.

Marlon Brando und James Dean

Rebellen waren sie beide, aber jeder auf seine Art. James Dean war der Verlierer, zornig, aber sensibel und verletzlich, unverstanden und dennoch lässig, unerfahren und unsicher: «... denn sie wissen nicht, was sie tun» (1955). Marlon Brando war der leidenschaftliche und harte Rebell, ein Einzelgänger, unangepaßt, rücksichtslos und egoistisch, eben «Der Wilde» (1953).

Auch die Kluft der beiden «jungen, zornigen Männer» war ähnlich, aber nicht gleich. Für James Dean-Fans wurden Jeans, weißes T-Shirt und eine Windjacke mit immer halb hochgezogenem Reißverschluß zur Standard-Uniform. Bei Marlon Brando waren die Jeans leicht verwaschen und etwas schmuddelig, das T-Shirt verschwitzt und oft zerrissen, und statt der leichten Windjacke zierte seinen Oberkörper die glänzend schwarze Lederjacke. Eines aber hatte Dean seinem Kollegen voraus: Kaum ein anderer Star

Marlon Brando

war so zur rechten Zeit da wie er. Er spiegelte den Zeitgeist perfekt wider und war sein bester Protagonist. Egal, ob für Büroangestellte, Farmhelfer oder Fabrikarbeiter – Dean verkörperte für alle die suchende Jugend, eine Jugend, die erwachsen wird und nicht weiß, wie sie damit umgehen soll.

M. M. u. a.

«Blondinen bevorzugt» hieß es
1953. Protagonistin war Marilyn
Monroe. Sie war nicht nur blond,
sondern hatte vor allem Rundun-
gen, die auch heute noch Männern
Schweißperlen auf die Stirn treiben.
Der halbrunde Ausschnitt ihres
weißen Kleides war so ausgelegt,
daß man den Busenansatz nicht nur
ahnen konnte. Die Zeiten des kleinen, süßen Mädchens aus Holly-
wood waren vorbei, gefragt waren
«Sexbomben» und «Rassefrauen».

Audrey Hepburn

Marilyn Monroe

Bei Jane Mansfield, Jane Russell, Elizabeth Taylor oder Gina Lollobrigida wurde geschnürt, gehoben, gezogen und gezerrt, was das Zeug hielt, bis die Figur «formvollendet» war. Die zur Schau gestellte neue Körperlichkeit wurde mit alten Zwängen erkauft.

Eine, deren Initialen allein ein Markenzeichen waren, darf nicht vergessen werden: B. B. . . . «Und immer lockt das Weib» (1956). Die vor dem Bauchnabel geknotete Bluse betonte das, was damals manche Männer nur über 100 Zentimeter gelten lassen wollten. St. Tropez-Stil hieß das. Wer das Ganze etwas vorsichtiger angehen wollte, trug darüber die extralangen Schlabberpullover der Brigitte Bardot oder ihre auf dem Rücken geknöpfte Strickweste.

Kontrastprogramm: die dürre Audrey Hepburn mit den dunklen kurzen Haaren, die 1954 in «Sabrina» ihre knabenhafte Figur zeigte, die normalerweise in hautengen, schwarzen Hosen steckte.

Sterntaler

Und dann verließen uns die Stars. Zurück blieben nur Sternchen. Von ihnen waren keine Trends, geschweige denn neue Moden zu erwarten, höchstens einige wenige modische Accessoires, die oft ebenso schnell vergessen waren wie ihre filmischen Vorträger.

Wer um die Jahrzehntwende den Glanz einer Kaiserin über seinem Kopf spüren wollte, ließ sich die Haare scheiteln, eindrehen und hochstecken: Farah Diba diente als krönendes Vorbild.

Der sportlichere und konventionssprengend angehauchte Typ bevorzugte Jeanne Moreau. Nachdem sie 1961 in «Jules und Jim» mit karierter Schlägermütze und weiten Hosen zwischen ihren beiden Männern hin- und hergelaufen war, taten es ihr viele Frauen nach, auch wenn sie nur einen Mann hatten.

Für die etwas ältere und reifere Dame kam Doris Day 1959 mit ihrem «Bettgeflüster» gerade richtig. «Hausmütterchenlook» war nicht für jede ein Schimpfwort.

Die Lieblingsfarbe Jacky Kennedys war Rosa und wurde 1962 zur Modefarbe des Jahres erklärt. Am besten, man hatte ein Kostüm in selbiger Farbe an, auf jeden Fall aber eine kurze, lockere Jacke.

Die Siebziger endeten mit dem «Saturday Night Fever». Was uns Olivia Newton-John mit ihrem schmalzigen Herzensbrecher John Travolta vormachte, war der Umschwung vom lässig-unauffälligen hin zum glitzernd-aufwendigen Discolook.

Die Achtziger haben uns bis jetzt nicht viel mehr als die bauchnabelhohen Beinausschnitte der Dallas-Badeanzüge beschert. Und inzwischen ist noch nicht einmal mehr von den Sternchen die Rede. Sie müssen hinter dem Gesamtstyling ihres Films zurückstehen. So wurde

Und sie schauten Elvis Presley

Denn er war der King. Denn er war der Rebell aus Gefühl und die Fahne im Rock'n'Roll-Sturm gegen die erstarrte Kultur der Erwachsenen. Für die junge Generation der fünfziger Jahre funktionierte er als Zündschlüssel für eine rasante Fahrt im offenen Cadillac in die Freiheit. Sicherlich: Auch Chuck Berry, Jerry Lee Lewis, Little Richard und die halbstarken Motorradjungs um Gene Vincent, Eddi Cochran und Tommy Steele mobilisierten ihre Gitarren und erhoben ihre Stimmen gegen die Alten. Doch keiner machte das so schön wie Elvis! Natürlich, jeder Rock'n'Roller lackte seine Haare zum Entenschwanz, ließ sich Koteletten wachsen und trug den Kamm wie einen Revolver. Doch keiner hatte so eine tolle Tolle wie Elvis! Sie wurde zum Symbol für Widerspenstigkeit, für den wilden und gefühlvollen Individualismus. Egal, ob der King in schwarzem Sakko und weißen Nappa-Schuhen seinen legendären Hüftschwung übte, egal, ob er in Goldlamé der Welt sein zynisches Lächeln schenkte, in schwarzer Lederkluft im Heartbreak-Hotel abstieg oder im rosa Rüschenhemd nach Hawaii flog – die Tolle und die riesigen Koteletten blieben sein Markenzeichen. Selbst als er sich für kurze Zeit davon trennen mußte, weil ihm die Army einen 65-Cent-Haarschnitt verpaßte, und erst recht, als sie dann später nur noch

Elvis Presley

uns die Mode der plastikhaften Gymnastikanzüge von «Fame – der Weg zum Ruhm» (1980) und «Flashdance» (1982) offeriert, mit denen ganze Heerscharen fitnesssüchtiger Frauen in Schweiß ausbrachen. Die Individualität von Persönlichkeiten ist längst nicht mehr gefragt. Die Schauspielerinnen transportieren nur noch Modetrends, sie fungieren als lebende Schaufensterpuppen. Product Placement heißt das Zauberwort.

97

dazu dienten, sein Gesicht zu schmälern: Kein echter Rock'n'Roller traute sich ohne nachgezogene Tolle und ohne Kamm in der Hosentasche jemals an einen Petticoat heran.

Intellektuellen mit den Nickelbrillen zu John, die braven und adretten, freundlichen Menschen zu Paul, die religiösen Friedensfreunde zu George, und Leute wie Eberhard Feik zu Ringo.

Und sie schauten die Beatles

Und es kam zur Hysterie. Millionen Fans schossen wie Pilze aus dem Boden. Die Befreiung und die Revolte gegen das Elternhaus fanden neue Ausdrucksformen. Die Rock'n'Roller lahmten oder saßen auf rosa Wolken. Aber dann John, Paul, George und Ringo. Sie waren die wirklichen Revolutionäre. Und das nicht nur musikalisch, denn sie ließen ihre Haare wachsen! Über die Ohren! Bis auf die Schultern! Die Welt stand kopf. Und so begann der Kampf um Millimeter auf globaler Ebene. «Weg mit den Perücken», schrien die Alten, denn gegen die kragenlosen Jacketts konnten sie nicht wettern, die waren schick und ordentlich. Aber auf den Häuptern der vier wucherte das giftige Kraut, und andere Beat- und Rockbands taten es ihnen nach. Und bald schüttelte sich eine ganze Generation so lange, bis sie sich von allem befreit glaubte.

Viel später erst, als die Beatles alles ausprobiert und jeden beeinflußt hatten und sich auflösen wollten, wuchsen ihren Fans die Trauerbärte um den Mund, und dann mußte sich jeder zu einem Beatle bekennen. Die

Und sie schauten Jimi Hendrix

Und so wurden sie Hippies und glücklich und kauften alles ein, was sie in den Beat-Boutiquen in der Carneby Street ergattern konnten. Und sie legten sich wie Jimi Hendrix goldene Ketten um den Hals, rannten zum Friseur, um sich die Haare zu kräuseln, und zelebrierten Woodstock. Buntbestickte Westen, wallende Gewänder im Folklorelook wehten im Wind, und Jimi Hendrix brachte sie mit seiner Gitarre in Ekstase. Und sie hielten sich die roten Filzhüte fest und legten ein selbstgestricktes Stirnband um. Und sie glaubten an den Frieden und rauchten Friedenspfeifen, und Jimi zerstörte erst die amerikanische Nationalhymne und dann sich selbst.

Und sie schauten David Bowie

Und er verwirrte sie, denn er war das Chamäleon. Und er fiel vom Himmel und war androgyn. Es zeigte sich Greta Garbo in einem Lou-Andreas-Salomé-Kostüm und glitzerte und schminkte sich. Er staffierte sich als Fabelwesen aus, und die Männer trauten sich, es ihm nachzutun. Und so kleidete er sich im superkurzen Tweed-Jackett und im blauen Arbeitshemd und schwang einen W.-C.-Fields-Spazierstock, und so färbten sich die Knechte des «Thin White Duke» rosa und igelten ihre Frisuren ein. Doch ehe sie sich versahen, drehte sich David Bowie auf seinen Plateauabsätzen und erschien als Gigolo, zerbrechlich, einsam und exotisch schön, und er drehte sich abermals und wurde Entertainer und Geschäftsmann, mit Bundfaltenhose und weißem Zweireiher. Lokker, leger und teuer, abgeklärt und leicht nachvollziehbar jetzt, doch nie langweilig.

Wie Bryan Ferry, dem Dressman der Popmusik. Er führte den Entenschwanz wieder ein und steckte den Rock'n'Roll mit Samthandschuhen in einen weißen Smoking. Und Bryan Ferrys Bühne wurde zum Laufsteg für den introvertierten Lässigen mit der Träne im Knopfloch. Alles, was der Gentleman-Singer trug, das Tigerfell, der Frack oder die Lederhose, waren topdesigned und Modepflicht für die Popschickeria. Wie bei David.

Und sie schauten die Sex Pistols

Denn sie waren die Helden einer neuen Rebellion. Und sie traten mit ihren Fliegerboots der Scheißgesellschaft in den wabbeligen Arsch und spuckten auf den Bombastosound

der siebziger Jahre und machten ihren Krach lieber selber. Und sie haßten die feine Gesellschaft und schockten sie mit Fetzen, bösen Sprüchen und buntschillernden Hahnenkämmen auf schlecht rasierten Schädeln. Und sie zeigten den Bürgern ihre Mittelfinger und ihre durch rostige Sicherheitsnadeln vereiterten Wunden. Und Johnny und Sid zeigten den Weg der No-Future-Generation. Und ihr Manager, Malcolm McLaren, wußte das und freute sich, denn er besaß eine Punk-Boutique in der Kings Road, Londons feinster Modestraße. Und die Punks, sie hatten keine Zukunft, und Sid starb. Aber die Müllhalden- und Schrottplatzkonfektionen erhielten Einlaß in den Textilwarenabteilungen der Kaufhäuser.

Und sie schauten Don Johnson

Wie der schicke Rauschgiftfahnder und einfühlsame Rocksänger aus Miami das ewige Lacoste-Krokodil als braves Haustier entlarvte und es an die Kette legte. Und sie staunten, wie der harte, aber verletzliche Cop die Hawaiihemden den Gängstern überließ und statt dessen das T-Shirt im klassischen Schnitt endgültig in den Adelsstand der Mode hievte. Und sie zogen sich alle über ihre T-Shirts weiche Leinensakkos, krempelten sie auf und huschten lässig-elegant über die Balustraden vor den Straßencafés. Und während sie dort noch mit den Frauen über

die Mode plauderten, war die aus
Italien stammende Designerin
Milana Canonero (die auch die Kleider für «Jenseits von Afrika» entwarf) schon wieder unterwegs bei
Armani, Boss, Versace und Para-
chute, um neue Kleider für die großen Modeschauen, die neuen Folgen
von «Miami Vice» zu kaufen.

Und sie dankten

– Elton John, weil er den Kurzsich-
  tigen zu besseren Aussichten und
  verrückten Brillen verhalf, und
– Bob Marley, weil er ihnen nicht
  nur den Kopf verdrehte, sondern
  auch die Haare, und ihnen Müt-
  zen verpaßte, daß es ihnen gelb,
  grün und rot vor Augen wurde,
  und
– Madonna, weil sie das Innere
  nach außen kehrte und die Spit-
  zenunterwäsche in einen äußerst
  reizvollen Mantel der Erotik um-
  funktionierte, und
– Prince, weil er ihnen Paisley, ein
  altbewährtes Muster, auf die
  Hemden und Westen nähte, um
  sie anschließend mit einem pfir-
  sichfarbenen Gewand einzuwik-
  keln, und
– Robert Smith, weil er ihnen den
  Weg in die Höhle zeigte, wo sie
  sich mit Kreide einschmieren und
  die Augen schwarz malen konnten. Da hüllten sie sich in
  schwarze Tücher und sangen
  dunkle Lieder, und
– den Beastie Boys, weil sie ihnen

Madonna

mit ihren Schirmmützen und Baseballhemden zeigten, wie man das Gehirn vor guten Einflüssen schützt und sich mit Bier aus Dosen ins eigene Hemd machen kann, und

– Mick Jagger, weil er ihnen unmißverständlich klarmachen konnte, daß ohne Labello-Stift heute gar nichts mehr geht.

Sabina Brändli

M O D E T A N Z

Tango, Charlston, Miniröcke

Mode und Tanz pflegten lange Zeit ein inniges Verhältnis: Sie waren nicht nur Freunde, die einander respektierten, sie waren regelrecht voneinander abhängig. Fiel es der Mode im 18. Jahrhundert ein, den Rokoko-Damen einen toupierten Haarturm mit allerlei Beiwerk als Kopfputz aufzupfropfen, so mußte sich der Tanz mit gemäßigten Menuettfiguren begnügen. Forderte jedoch der Tanz gewaltige Sprünge und Drehungen, mußte wohl oder übel die Mode Federn lassen, um nicht die herrliche Pracht unversehens am Boden zu zerstören. Doch nicht nur im rein funktionalen Bereich finden sich Entsprechungen. Was die Geschichte der Mode wie die des Tanzes spannend macht, ist die Möglichkeit, in ihnen – als Mikrokosmos – eine größere Entwicklung zu spiegeln – zum Beispiel im Paarverhalten in unserem Jahrhundert.

Fräulein, woll'n Sie Shimmy tanzen?

Wurde beim Walzer, dem Favorit des 19. Jahrhunderts, noch Haltung verlangt, so lief diese um 1920 Gefahr, durch «wilde, ungebändigte Zuckungen» verdrängt zu werden. Die sogenannten «Platztänze» kamen in Mode und wurden schnell beliebter als die alten «Bewegungstänze». Die Spazierstockgrazie der Walzerära, in der wirkliche Bewegung einzig den Beinen zugebilligt worden war, wurde an allen Ecken und Enden geknickt; der Po, damals nur zur Verbeugung (und zum Sitzen) in seiner Funktion als Drehpunkt gebraucht, konnte nun Kreise drehen oder ruckartig nach vorne und nach hinten stoßen, mit den Füßen wurde ausgeschlagen, die Knie waren zum Wippen da, und die Schultern wurden geschüttelt. Nicht allen leuchtete diese neue Ästhetik ein. In Berlin soll man vom neuen **Shimmy** gesagt haben, seine Tänzer sähen aus, als wenn sie oben der Floh bisse und sie unten die Hosen verlören. Auch der **Charleston**, der um 1926 am verrücktesten getanzt wurde, zeigte ähnliche Merkmale: Der aufrechte Gang kam abhanden, Füße, Knie, Becken, Ellenbogen, Handgelenke und sogar der Hals wurden zu selbständigen Bewegungszentren, die unzählige neue Kombinationsmöglichkeiten von Bewegungsabläufen in Aussicht stellten. In diesen ungewohnten, exzentrisch anmutenden Bewegungen sahen manche Kritiker nur tierisches Zucken. Die internationale Vereinigung der Tanzlehrer sagte den neuen Tänzen den Kampf an. Bis 1929 hatte sie für all die wilden Tänze eine domestizierte Form herausgetüftelt, die mit dem Ursprungstanz kaum mehr als den Namen gemein hatte. Kurz: 1929 war man wieder beim **Walzer** und **Tango** angelangt. Stellt man sich nun die traumhaften Kreationen eines Paul Poiret vor, der mit seinen russisch-orientalischen Kleidern in der Vorkriegszeit seine Triumphe feierte, so wird die gegenseitige Beeinflussung von Tanz und Mode greifbar. Der Dame, mochten ihr die Modelle von Poiret auch noch so gut stehen, war das Auseinanderschlagen der Fersen – Erkennungszeichen des Charleston – im engen Rock einfach nicht möglich, da half auch die Weite der golddurchwirkten Tunika mit den lockeren Kimonoärmeln nichts. In der hübschen «Nixenschleppe» verhedderte sie sich heillos, und der reich mit Reiherfedern geschmückte Turban kam bei den ruckartigen Bewegungen gar gefährlich ins Schwanken. Es ist offensichtlich, daß diese Art

des Tanzens auch eine neue Mode brauchte. Es wurden nicht nur **Shimmy-** und **Charleston-Röcke** und -Schuhe kreiert, sondern auch gleich Shimmyparfums nachgeliefert. Doch auf den Namen kam es nicht an: Hauptsache, der

Rock war kurz genug, der Körper frei vom Korsett und die Schuhe fest genug an die Füße geschnallt. So konnte sie loslegen.

Die Frau trägt Bein

Schon vor dem Ersten Weltkrieg hatte der Tango dem regelmäßigen Dreivierteltakt des Walzers den Rang abgelaufen. Um bei diesem schwülen Tanz auch bei allen Schrit-

ten mithalten zu können, ließen sich die Frauen Schlitze in die engen Röcke machen, die manchmal bis zu den Oberschenkeln reichten. Auch die übrigen Tänze, die in der Vorkriegszeit Hochsaison hatten, Schiebe- und Wackeltänze wie der **Boston** und **Onestep,** forderten geschmeidige Körper, die hie und da mit der noch ausladenden Kleidung in Konflikt kamen. Wollten die Damen die Tänze originalgetreu mitmachen, hatten sie ihre liebe Müh' mit ihren Hüllen. Und: Durch unkontrollierte Bewegungen konnte schon mal ein sonst bedeckter Körperteil sekundenlang einem interessierten Publikum zur Schau gestellt werden. Was 1913 noch polizeilich belangt wurde, ist zehn Jahre später schon salonfähig. Inzwischen hatte die Mode kurzen Prozeß gemacht und die Röcke kniekurz abgeschnit-

Shimmy

Charleston

ten. Damit war ein guter Teil der Beine dem Publikum zur Ansicht freigegeben. Durch das Hintertürchen dieser «Liberalisierung» schlich sich auch gleich ein anderes Phänomen ein: Eine zunehmende Immunität gegen die verführerische Wirkung der nackten Beine. Vor diesem Hintergrund findet der Übergang vom erotischen Tango zum unbeschwerten Shimmy und Charleston statt. Zwar sieht man bei ersterem nur hie und da ein Stückchen nackte Haut aufblitzen, doch tanzt das Paar für jeden ersichtlich eine «Beziehungsgeschichte», und zwar in allen Details. Der Mann führt, die Frau begehrt auf, gibt sich hin, unterwirft sich und umtänzelt ihren Partner. Ganz anders beim Charleston. Die beiden Partner sind gleichwertig. Der Mann führt höchstens vorübergehend, meistens berühren sich die Partner nicht einmal, vollführen unabhängig voneinander ihre Bewegungen, einander zugeneigt oder auch offensichtlich gegen ein nichttanzendes Publikum im Saal orientiert. Hier wird höchstens spaßhaft geflirtet. Die Beine sind zwar entblößt, doch die dadurch gewonnene Bewegungsfreiheit steht im Vordergrund, während die Bedeutung als Reizsignal an Eindeutigkeit verliert. Damit verbunden ist die Tatsache, daß sich gerade in den zwanziger Jahren das Tanzvergnügen vor allem im Bürgertum von seiner engen Verknüpfung mit dem Heiratsmarkt der Ballsaison löste; das Tan-

zen wird zum integrierten Freizeitvergnügen. Getanzt wird überall, schon zum Fünfuhrtee, zu der dank der Technisierung immer freier verfügbaren Musik. Was die Tanzlehrer zum Verzweifeln bringt, erleichtert anderen den Zugang zum Tanzvergnügen: die neuen Tänze sind relativ unkompliziert und rasch lernbar, vor allem solange sie noch nicht in jedem Detail definiert und standardisiert sind. Auch die ganzen Eingangszeremonien («Darf ich bitten, gnädige Frau») verlieren im Trubel des wilden Tanzens an Wichtigkeit. Mit jemandem Shimmy zu tanzen bedeutet noch lange nicht, «unter die Haube» zu kommen.

Benimm dich

Nach 1945 wurde der Versuch gemacht, nicht nur in der Mode, sondern auch im Tanz wieder auf die

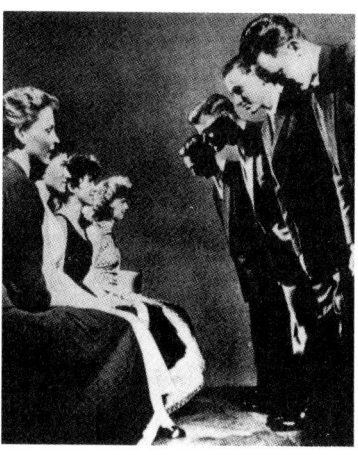

Zeit vor dem Ersten Weltkrieg zurückzugreifen. 1947 kreierte Christian Dior, ein selbsternannter «Belle-Epoque-Nostalgiker», seinen «**New Look**». Der war gar nicht neu, sondern orientierte sich an der «guten alten Zeit»: Wadenlange, weite Röcke, welche die Taille betonten und vor allem sehr, sehr viel Stoff brauchten (in einer Zeit, in der Stoffe noch rationiert waren!). Dior traf den Nerv der Zeit – eine Mischung aus Aufbaustimmung, wiedererwachtem Luxusbedürfnis, Nostalgiewelle und Sehnsucht der Frauen nach Weiblichkeit – und hatte riesigen Erfolg.

Zwar wurde das Korsett nicht wieder eingeführt, doch taten das Mieder sowie ausgestopfte Büstenhalter das Ihre, der fülligen S-Linie der Belle Epoque nahzukommen. Komplementär dazu wurden die Männer in ihren breitgeschnittenen Anzügen immer grauer und grauer, eine Gegenreaktion auf die Männermode der Weimarer Republik, die als unmännlich oder gar feminin galt. Benimmbücher hatten Aufschwung und erinnerten daran oder lehrten neu, auf was beim Tanz zu achten war.

Das Imperium des guten Geschmacks, in dem Couturiers und Tanzlehrer so genau wußten, was Grazie, Anmut und Schönheit ist, schien gesichert. Um so größer war dann der Schock, als plötzlich Jugendliche auftauchten, die es offensichtlich darauf angelegt hatten, diese Konventionen zu durchbre-

chen. Lederjacken, heiße Rhythmen und wilde Tänze wurden Erkennungszeichen Gleichgesinnter. Blue Jeans wurden von der Erwachsenengeneration genauso als Provokation empfunden wie dieses so gar nicht dezente Kreisen der Hüften, das die Fernsehmacher dazu zwang, «Elvis the Pelvis» im Fernsehen nur von der Taille aufwärts zu zeigen. Beim rasanten artistischen Überschlags-**Rock'n'Roll** konnte es schon mal vorkommen, daß die Zuschauer prüfen konnten, ob die

Rock'n'Roll

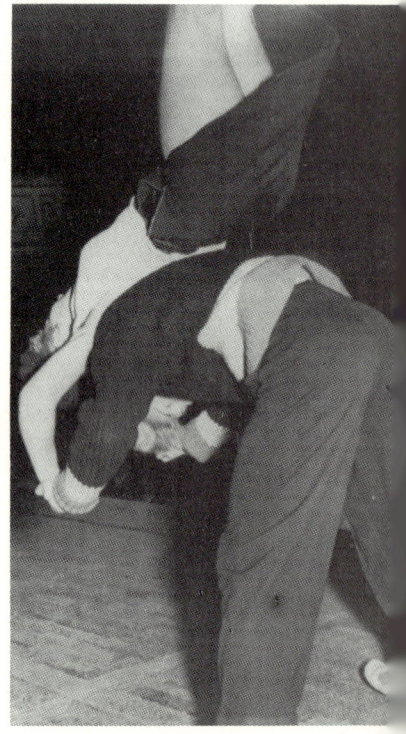

Tänzerin auch Unterkleider unterm Rock trug. Wollte sie sich dieser Begutachtung entziehen, zog sie die neuen Damenhosen vor; so konnte nicht nur sie sich wieder ganz der Akrobatik widmen. Auch bei der letzten generationsübergreifenden Tanzwelle, dem **Twist,** wurde die «schwingende Körpermitte» zum Angriffspunkt. Hier wurde nun auch die definitive Auflösung des Paares sichtbar, wodurch die männliche Führung hinfällig wurde. Parallel dazu entwickelt die Mode einen Hang zum Androgynen, der in der Propagierung des Unisex kulminiert. Den Mädchen wird die schlanke Linie schmackhaft gemacht, Hosen werden salonfähig. Im Gegenzug darf den jungen Mann schon wenige Jahre später auch mal das farbige Hemd mit Rüschchen schmücken. Minijupe und Rollkragenpullover versprechen ungezwungene Bequemlichkeit.

Tanz um den Kommerz

Und da stehen sie nun: Sie im Mini, drunter die heißgeliebten Strumpfhosen (damit gehört die Panik angesichts gerissener Strumpfbänder der Vergangenheit an), die Schuhe läßt sie einfach liegen, wenn sie mehr Lust auf nackte Füße hat, er, locker in Jeans und T-Shirt, und beiden ist die Lust am Modetanz vergangen. Sie verlassen das Tanzlokal, und jeder kreiert sich seinen eigenen Tanzstil.

Der Tanzlehrer stirbt, keiner trauert ihm nach. Der Conturier hingegen kommt mit einem heilsamen Schock davon. Er disponiert um, werkelt an seinem System herum, bis er die erfolgssichere Variante gefunden hat: Keiner verfügt mehr über den allmächtigen Geschmack, jeder ist sein eigener Designer, und doch ist die neueste Mode immer die schönste.

Läßt aber nun ein Tanz eine neue Mode attraktiver erscheinen, oder machen neue Kleider eine Musik oder einen neuen Tanz verkäuflicher? Als in den fünfziger Jahren die Jugendlichen, die «Teenager», als

Twist

Käuferschicht entdeckt wurden, erfand man auch das «Multipackver-
fahren»: Kleider und Musik werden
gemeinsam durch Tanzfilme lanciert. Wer auf die Kleider steht, soll
sich auch die dazu passende Schall-
platte kaufen, wem der Tanz gefällt,
soll die dazugehörenden Kleider
kaufen.

Der Jugendliche wird nun nicht nur
als Käufer umworben, sondern
auch beobachtet und analysiert. Es
beginnt eine Jagd auf «jugendliche
Ideen», die irgendwie kommerziell
verwertbar erscheinen. Das Tempo
der Jagd steigert sich, bis es sich zu
überschlagen scheint: Beim 1974
einsetzenden Discoboom fragt man
sich, ob das vermeintlich «Neue»
hier nicht allenfalls ein Werbegag
der Verkaufspsychologen sei. Und
auch das dreckige Schwarz oder die
kopfstehende Kurzhaarfrisur der
Punks, auch das häßlich Gemeinte
kann, etwas geschönt, zur Auflok-
kerung des Modeeinerleis genutzt
werden.

Doch tanzt man heute nicht nur
Pogo. Die Zeit, in der die Tanzwut
einen eindeutigen Namen trug, ist
vorbei. Verschiedenste Tänze und
Moden bestehen nebeneinander.
Nur eines zeichnet sich ab: Man
muß wieder fit und schick sein . . .
Breakdance scheint ihr zu gefährlich, sie nimmt keinen Kurs in **Flamenco,** und auch den **Bauchtanz**
hat sie ausgelassen. In ihrem Zimmer hängt ein Poster mit der elastischen Jane Fonda. Mit den schicken
Beinwärmern macht sie zu Hause

manchmal Dehnungsübungen und
hat doch ständig das Gefühl, zu wenig fit zu sein. Doch mit der roten
Stoffrose im Haar sieht sie aus wie
eine kleine Carmen.

Unten: Pogo
Rechts: Flamenco

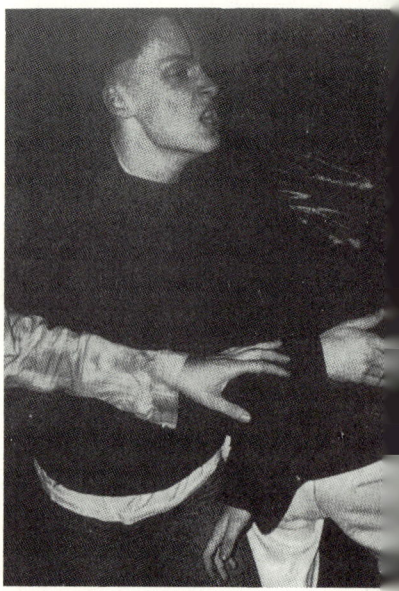

110

René König

UNTER
UND ÜBER
DER HAUT
Die Mode als soziales
Totalphänomen

Für Norbert Elias zum 22. 6. 1987

Als mein Modebuch «Menschheit auf dem Laufsteg» 1985 erschien, wurde hier und da in den Besprechungen die Bemerkung laut, es sei ein Mangel, daß es darin keine «stringent formulierte Theorie der Mode» gebe, die sich vielmehr «erst allmählich durch die Abschnitte aus einer Vielfalt von Theorieansätzen mosaikartig» addiere. Es ist mir unklar, wie dieser Eindruck entstehen konnte, wird doch auf der ersten Seite gesagt, daß die Mode – ganz nach dem Worte des großen französischen Soziologen und Sozialpsychologen Marcel Mauss – ein soziales Totalphänomen darstellt, was eine Vielfalt von Perspektiven voraussetzt, die sich empirisch bewähren müssen, das heißt im Zivilisationsprozeß der Menschheit, der der weiteste Rahmen für unser Problem ist.

Dazu kommt die faszinierende Erfahrung, die jeder gehabt hat, der sich je mit Mode beschäftigte, daß man immer wieder vor völlig neuen Problemem steht, wenn man sich wieder einmal den Moden zuwendet, die jeweils für eine Zeitlang im Rampenlicht stehen, um nicht zu sagen «en vogue» sind. Momentan befindet sich sogar die Szenerie in einem fundamentalen Wandel, in dem vielerlei Ansätze durcheinanderlaufen, die ich im folgenden skizzieren will.

Das Ziel dieser Ausführungen ist also: die wachsende Vieldimensionalität der Mode in der heutigen Analyse sichtbar zu machen, wobei endgültig mit der Vorstellung Schluß gemacht wird, daß es eine einheitliche Theorie der Mode geben müsse oder geben könne. Das liegt auch jenen Vorstellungen zugrunde, die davon ausgehen, daß Modeanalyse eine speziell konkretisierte Strategie zur Vorbereitung oder auch nur ein Hilfsmittel oder noch eine Korrektur zum Verständnis der komplexen Problematik des «sozialen Wandels» darstelle. Aus diesen und vielen anderen Gründen kann es grundsätzlich keine «einfache» Theorie der Mode geben. Als «soziales Totalphänomen» ragt sie simultan in zahlreiche Lebensbereiche hinein, was auch eine Vielzahl von Blickweisen provoziert im Sinne einer Zusammenarbeit verschiedener wissenschaftlicher Disziplinen. Einer der Grundcharaktere der Mode unter anderen ist also ihre **Multidimensionalität.** Dabei ist es eine durchaus offene Frage, ob sich diese Mannigfaltigkeit ohne Gewaltanwendung in ein System bringen läßt.

Diese Multidimensionalität läßt sich rein formal zunächst nach mindestens zwei Richtungen hin differenzieren, nämlich in eine Tiefendimension, in der die Modeanalyse beispielsweise wesentlich mit der Tiefenpsychologie etwa in Form der eigentlichen Psychoanalyse und ihrer Symbolik verbunden ist, die wiederum in engster Nachbarschaft zu vielen Problemen der Erotik gelagert ist; dazu kommt die Oberflächendimension der Geschichte von Kultur, Kunst, Politik und Wirtschaft. Aber auch das ist nur ein Teil der Geschichte, wie der Umstand beweist, daß sich die Tiefenpsychologie vor allem in der Analyse von Symbolen bewährt, die in der Mode in einer ungeheuren Varietät auftreten, damit aber auch Denkformen und Wertungen und Ideale von Gruppen, Schichten und Klassen von Menschen und sogar der großen Kollektivströmungen religiöser oder politischer Natur. Das Problem der Ideologie steht sogar in fundierter Funktion am Ursprung

der Mode, denn keine Mode kann sich entfalten, die nicht das Bewußtsein in sich trüge, die ideale Lösung einer gestellten Aufgabe zu sein. Sie ist darum auch von Haus aus dogmatisch und unbelehrbar. Jeder Stilwandel in der Mode hat also seine eigene Ideologie, die sich sprachlich (man denke an die von Roland Barthes mit Recht hervorgehobene [1967] Bedeutung der Modepresse im semantischen Aufbau und damit im Prozeß der Diffusion der Mode), aber auch emotional oder ästhetisch-symbolisch aufbaut und damit – paradoxerweise – sogar im einzelnen Falle ein Grundhindernis für die Entfaltung einer neuen Mode darstellt. Hier wird es klar, daß jede Erfüllung einer neuen Wendung mit der Vernichtung einer alten belastet ist, so daß im Anfangsstadium irgendeiner Mode immer und unausweichlich ein penetranter Dogmatismus vorherrscht. Darum betonte ich die unausweichliche Notwendigkeit von immer wiederkehrenden **Kulturrevolutionen** im Laufe der modischen Entwicklung, die jeweils das zerstören und hinausschaffen, was einer Innovation im Wege steht. Entwicklung und Zerstörung sind hier also auf die eigentümlichste Weise vereinigt, selbst wenn die zerstörerischen Aspekte der Renegation einen geringeren sprachlichen Aufwand erfordern als der Aufbau einer «Nouveauté». Das «Nein» als Geste und Wort ist hier in seinen unmittelbaren Konsequenzen viel wirksamer

als das «Ja» des allmählichen Aufbaus, weil letzteres immer auch eine akzeptable Begründung erfordert, die für den Konsumenten einleuchtend ist. Daher eben die enorme und kaum zu unterschätzende Rolle der Modepresse aller Arten und Qualitäten, wie Roland Barthes gezeigt hat. Damit wird auch angedeutet, daß diese Art von Sprache einen anderen Wirkungsraum hat als die aufbauende, zu der zum Beispiel auch die Gestik, die Mimik und Interaktionen aller Art gehören. Diese sind zumeist weder unmittelbar sichtbar noch mit Händen zu greifen; sie sind tief verankert in der Natur und im Verhalten des Menschen. Wenn ich sage «unter der Haut», so heißt das auch, daß sie weder in Frage gestellt noch unmittelbar sichtbar werden. Oft genug ist ihre Funktion ganz unauffällig und unbewußt, aber dennoch immer wirksam. Das ist auch das unerschöpfliche Reservoir der Verhaltensweisen, die gewissermaßen «unter der Haut» lokalisierbar sind.

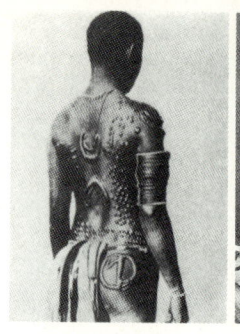

Die moderne Verhaltenstheorie oder «Ethologie» ist heute für den Modeforscher völlig unerläßlich, denn sie erst eröffnet eine Art von Schichtanalyse (Stratigraphie), mit deren Hilfe die verschiedenen wesentlichen Aspekte der Mode sichtbar gemacht und auch eine Reihe von alteingefressenen Vorurteilen ad acta gelegt werden können. Dazu gehört als das wichtigste die Vorstellung, daß nur die Wirtschaft fortgeschrittener (letztlich sogar nur «kapitalistischer») Kulturen Moden oder modisches Verhalten schaffen könnte. Je einfacher die Gesellschaften sind, desto größer sei ihre kulturelle Stabilität, und dementsprechend seien sie modisch nicht ansprechbar, sondern bewegten sich vielmehr in den festen Rahmen von **Trachten.** Dies Vorurteil wurde früher gern von den «einfachen» oder «primitiven» Kulturen populär gemacht oder überhaupt von älteren Kulturen, obwohl es denkbar leicht zu widerlegen ist. In Wahrheit war es aber nur der Neuigkeitseffekt und die Unkenntnis der Vergangenheit, der die Illusion einer langen Existenz dieser vermeintlichen Trachten nährte. Kam aber der Forscher auch nur kurze Zeit später zur gleichen Kultur zurück, so trug sie sich bereits ganz anders, wobei sogar gelegentlich Diskussionen aufkamen, ob es sich dabei überhaupt um die gleiche Kultur handele. Die Wahrheit lautet aber sehr anders: Auch die einfachsten Kulturen wandeln sich immerfort. Dieses Wechselspiel und Wechselbedürfnis der Menschen in ihrem äußeren Gehabe ist wohl die am festesten eingewurzelte Verhaltenskonstante der Menschheit überhaupt. Eine nicht mehr wandlungsfähige Kultur ist eine tote Kultur. Das kann jeder (mann) leicht nachprüfen; wer immer mit einfachen Kulturen zu tun gehabt hat, ist oft ganz verblüfft gewesen über die gelegentlich enormen Veränderungen des äußeren Gehabes ihrer Mitglieder, wenn man sie nur mehrfach in (auch kürzeren) Zeitabständen erlebt. Man muß sich dabei auch bewußt bleiben, daß der Modewechsel in verschiedenen Dimensionen erfolgen kann, von denen in der Regel drei gezählt werden; die häufigste Innovation ist die optische – der Mensch ist eben ein Augentier. Darauf folgen aber noch andere Änderungen, zum Beispiel akustische oder auch olfaktische. Auch in einfachen Gesellschaften wechseln die vorherrschenden Parfüms. Es ist mir noch nicht klar, ob komplexe Wandlungen in verschiedenen Dimensionen, die gewissermaßen als «Gestalten» gemeinsam gesehen werden müssen, überwiegen oder ob sich die Einzelheiten für sich allein ändern. Es besteht eine große Wahrscheinlichkeit für die erste Wendung, denn wenn man genau zusieht, sind fast immer mehrere Dimensionen bei einem Wechselimpuls im Spiel, wenn auch die Dimensionen nicht als einzelne hervortreten. Aus meinen eigenen,

über mehr als dreißig Jahre reichenden Erfahrungen bei den Navajo im Südwesten der Vereinigten Staaten, kann ich sagen, daß diese in erstaunlicher Geschwindigkeit beispielsweise die Schmuckformen wechseln und neue Kompositionen erfinden. Andere, wie die mehr konservativen Hopi, machen solche Wandlungen langsamer durch, aber auch bei ihnen wechseln die Schmuckformen oder die Töpfereien. Das erlaubt uns die zusammenfassende Aussage, daß auch sehr einfache Kulturen dem modischen Wandel unterliegen. Die beiden genannten Kulturen sind aber relativ hoch entwickelte Kulturen, die bereits ein höheres und zusammengesetztes kulturelles Selbstbewußtsein repräsentieren.

Unter der Haut geschehen aber auch bei ihnen unvoraussehbare Wandlungen. Sogar Tiere wechseln unter gewissen Umständen die Farbe, was dem Kenner wie auch dem Gattungsgenossen Signale vermittelt, die er zu entziffern vermag; daß das aber tatsächlich geschieht, wird dann sehr handgreiflich durch ein verändertes Verhalten des Zeichenempfängers dokumentiert. Zu den Reaktionen «unter der Haut» gehört zum Beispiel das «Erröten», das vom Willen weitgehend unabhängig ist, und überhaupt eine unendliche Anzahl von «ritualisierten» Verhaltensweisen, die jeweils stark modeabhängig sind. Dazu gehört schon seit langem das Lächeln als Sprache. Dabei kommt es häufig zu komplexen Abläufen, die eine bestimmte Verhaltensweise «gliedern», vom «Aufblicken» bei einer Begegnung, zum Ausdruck des «Erkennens» bis zum «Lächeln des Einverständnisses» (Irenäus Eibl-Eibesfeld [1987, zuerst 1967] hat diese Probleme mit Hilfe einer raffinierten Filmtechnik sichtbar und damit diskutierbar gemacht).

So ist man dazu gekommen, den Begriff einer **Körpersprache** zu bilden, also einer Ausdruckshaltung, die schon ohne Hinzufügung irgendwelcher Attribute wirkt und verstanden wird. Es muß hervorgehoben werden, daß man erst seit relativ kurzer Zeit auf diese Probleme aufmerksam geworden ist, die sich früher gern unter ganz anderer Firma bewegten wie etwa Ausdruckskunde (von den frühen Ästhetikern viel und gern geübt). Dagegen ist eine andere Form der Realisierung und Modifizierung der Darstellung der menschlichen Haut in der Kosmetik seit jeher in der Menschheit geübt worden und in unserer Gegenwart zu einer Weltindustrie herangewachsen, die typischerweise nicht nur optische Signale auf der Haut entfaltet, sondern sich auch der olfaktischen Transformationen des menschlichen Körpers annimmt. So entfaltet sich, was unter der Haut beginnt, zu einer «Folie», die sich über die Haut und überhaupt über die Gesamtgestalt des Menschen legt, in einer geradezu ungeheuerlichen Variabilität von Formen, Farben,

Zeichnungen und Gerüchen, die alle ihre speziellen Auszeichnungsqualitäten produzieren, die wiederum jede für sich ins Unendliche variiert werden können.

Diese Variabilität hat heute etwas Wirklichkeit werden lassen, das früher sicher niemand erwartet hätte: Immer deutlicher wird aus weltweiten Berichten sichtbar, daß die größten Bekleidungslieferanten aller Art nicht aus den Industrienationen stammen, sondern ausgerechnet aus asiatischen Kulturen, die sich erst seit kurzem industrialisiert haben. Sie haben sich aber seit jeher durch ein ausgeprägtes Farben- und Formenbewußtsein ausgezeichnet. Ausgerüstet mit industriellen Produktionstechniken und Betriebsformen, bekleiden sie heute die halbe Welt. Der größte Kleidermarkt ist heute schon lange nicht mehr in Paris oder New York noch sonst in einer der westlichen Großkulturen zu Hause, sondern in Hongkong und den vielen anderen südwestlichen Ländern Asiens.

Was unter der Haut verwurzelt ist, entfaltet sich anschließend «über der Haut» in zahllosen Variationen. Dabei ist nicht primär entscheidend der Schutz des Körpers vor den Unbilden der Witterung; auch nicht gewissermaßen die Absicht, das Schamgefühl der Nacktheit zu beruhigen. Die Schutzfunktion spielt eigentlich nur in den extremen Klimaten eine Rolle, das Schamgefühl ist – wenn überhaupt – bestenfalls eine Sekundärfunktion der Kleidung über der Haut. Wenn beide eine wesentliche Rolle spielen, so kommt diese erst ganz am Ende der möglichen Verursachungen zum Zuge, die vor allem kulturell ungeheuer variabel sind.

Viel wichtiger als diese Vorgänge sind dagegen die Farben; so sagte man vor längerer Zeit, die Manager der modernen Textilindustrie von heute sähen aus «wie lauter graue Mäuse». Als ich vor einigen Jahren an einer Verbandssitzung der Oberbekleidungsindustrie in Köln teilnahm und in dem Hotel, in dem die Sitzung stattfinden sollte, mich fragte, welche der anwesenden Herren wohl die Vertreter dieses Verbandes sein mochten und wie ihr eigenes Kleidungsverhalten wohl aussehen könnte, erlebte ich die Überraschung, sie nachher fast alle als lauter graue Mäuse wiederzufinden. Ein einziger trug einen Anzug von weinroter Farbe und fiel damit total aus dem Rahmen. Später sprach ein Vertreter der Kunstakademie München, der seinen Vortrag mit den Worten schloß: Der Mann ist gewiß keine graue Maus, sondern ein schöner bunter Kater, und erst als solcher wird er adäquat gekleidet sein. Der Beifall – von Lachen begleitet – war zwar groß, aber ich bin sicher, daß die anwesenden Vertreter der Oberbekleidungsindustrie zwar einerseits doch etwas verlegen waren, aber darum ihr eigenes Kleidungsverhalten in der Folge nicht im geringsten modifizieren würden. Wir dürfen also ge-

wisse Sperren vor farblichen Experimenten nicht unterschätzen, wie das Beispiel zeigt. Außerdem gibt es andere Gestaltungsformen der Männerkleidung, von denen man gesagt hat, sie seien im Grunde wie ein «Futteral», in das der Träger eingesperrt würde, so daß auch im expressiven Sinne jede Möglichkeit einer freieren und wandelbaren Gestaltungschance verschlossen sei. Mit der Entfaltung der Freizeitkleidung im Laufe der letzten fünfzig Jahre ist das sicher besser geworden. Wenn aber ein großer Finanzmanager im Büro ein Hemd mit offenem Kragen trägt, wird das noch immer als Extravaganz vermerkt, was – offen oder versteckt – natürlich einen kritischen Beigeschmack hat.

Die Mode ist in der Tat der reinste Ausdruck der **kreativen Freiheit** in der unabgerissenen Produktion immer neuer Formen, die mit der ästhetischen Selbstdarstellung des Menschen in den verschiedensten sozialen Zusammenhängen verbunden ist. Das Ziel ist immer das gleiche, auch wenn die Realisationen sich wandeln. Man spricht hier vom «Attrappeneffekt», also eine **Auszeichnung** irgendwelcher Art, die bei der in Frage stehenden Zielgruppe akzeptiert wird. Das ist sicher die wichtigste Entdeckung der modernen Verhaltenslehre (K. Lorenz). Damit ist die Mode gewissermaßen ein soziales Urphänomen. Entscheidend ist aber dabei nicht so sehr die Erfindung als solche, sondern die «Akzeptanz».

Das heißt mit anderen Worten: Die Innovation als solche reicht also nicht aus. Jede Epoche ist überreich an modischen Varianten, die sich nicht durchgesetzt haben. Das sind, um ein Wort Hegels zu paraphrasieren, die Grabstätten der Moden, verstorben, ohne daß sie akzeptiert worden wären. Sie sind der Menge nach sicherlich zahlreicher als die reüssierten. Nur das aber, was dann wirklich getragen wird, kann uns interessieren. Der Erfolg ist hier alles. Das gilt im Guten wie im Schlechten: Die grauen Mäuse sind der Beweis dafür, aber das Ausweichen in die Banalität ist keine Gegeninstanz gegen ein solches Verhalten. Dem steht allein der experimentelle Charakter jeder Mode

im Wege, die erst nach einiger Zeit eine befriedigende Lösung findet, die sich also einer weiterreichenden Akzeptanz erfreuen kann.

Experimentieren kann aber zunächst auch als **Spiel** auftreten, speziell in der Initiationsphase eines Modewandels. Dabei spielt selbstverständlich das Auge eine hervorragende Rolle, denn Akzeptanz erfolgt nur in unmittelbarer optischer Gegenwart. In jüngster Zeit hat der österreichische Verhaltensforscher Otto Koenig die Rolle des Auges als Schlüssel zur Innovation mit Recht hervorgehoben. Allerdings hat er dabei unversehens zwei Dinge miteinander verschmolzen, die man besser trennen sollte: Einmal sagt er, das Auge sei eine hochkomplexe Aufnahmeapparatur für praktisch unendlich viele optische Reize; dann aber geht er unmittelbar über auf die plastische Darstellung des Auges als Instrument der Sicherung im Alltagsverhalten, etwa als Fixierung eines abwehrenden Blicks, woraus die zahllosen Formen von Augendarstellungen entstehen, etwa als Abwehrzauber gegen das Böse, vor allem den «bösen Blick». Mir scheint aber die große und noch unerkannte Schwäche seiner mit enormem Belegmaterial gestützten These genau in folgendem zu liegen: das Auge eröffnet das figurativ Neue (genau wie in anderer Dimension der Klang oder der Geruch), das ist entscheidend für die ersten Entwicklungsimpulse der Mode und unerläßliche Voraussetzungen

ihrer Akzeptanz, auch wenn das eventuell nur im Geiste geschieht oder in der Phantasie. Davon total unterschieden ist die Darstellung des Auges als Ornament, das der Abwehr des Bösen dient, ein ganz anderes Problem, zu dessen Klärung Otto Koenig zweifellos ein riesiges Material beigebracht hat, ohne aber darum der Theorie der Mode zu dienen. In seinem ersten Bande steht ein interessanter Satz: «Grundsätzlich degeneriert alles, was nicht wahrgenommen wird und dadurch seine Funktion verliert.» Das heißt mit anderen Worten, die Mode eröffnet sich dem Auge und für das Auge; was man nicht sieht, verliert automatisch an Interesse und wird übersehen und vernachlässigt. **Prinzip Auge** wird dann in der Tat eine unabdingbare Voraussetzung für die Entstehung der Mode. Es steht unverrückbar fest, daß einzig durch das Auge das modisch Neue zweifellos nicht allein anreizend, sondern genau in der gleichen Weise und im gleichen Maße durch die schon erwähnten begleitenden akustischen und olfaktischen Wahrnehmungen aufgenommen wird, wie auch Koeng sehr richtig bemerkt.

Der Weg der Erweiterung der Op-

tik, mit dem Koenigs Ansatz operiert, das heißt vor allem auch die Verankerung in den verschiedenen Schichten der Verhaltensforschung, scheint mir unerläßlich. Wenn dadurch gelegentlich eine Unsicherheit des Urteils geschaffen wird, so wollen wir das gern in Kauf nehmen, statt mit einer unilinearen Theorie zu arbeiten, die den Charakter der Mode, also die Eigentümlichkeiten eines sozialen Totalphänomens, übersieht oder auch nur in den zweiten Rang verschiebt. Das zwingt natürlich zu einer Vielfalt der Perspektiven in der Forschung, die nicht zugunsten einer billigen Harmonie vernachlässigt werden sollte. Auch gehört dazu, daß das Modegeschehen immer «offen» ist für das Neue, aber auch für das Unerwartete. Das macht den wesentlichen Reiz der Mode aus, dem man aber zugestehen muß, daß er jeweils unvoraussehbar ist. Schließlich bleibt aber die offene Frage, die vielleicht alle Möglichkeiten respektiert, daß die Mode als soziales Totalphänomen sich niemals mit nur einer Lösung begnügen wird, sondern auch in der Theorie eine Mannigfaltigkeit von Aspekten entfaltet, die ihrerseits wieder neue Moden schaffen.

Kurzer bibliographischer Anhang

M. Argyle, Bodily Communication, London 1975

Roland Barthes, Système de la mode, Paris 1967

Edmund Bergler, Fashion and the Unconscious, New York 1923

Irenäus Eibl-Eibesfeld, Grundriß der vergleichenden Verhaltensforschung, 7. umgearb. Auflage München 1987 (zuerst 1967)

Annemarie Kleinert, Die frühen Modejournale in Frankreich. Studien zur Literatur der Mode von den Anfängen bis 1848

Otto Koenig, Kultur und Verhaltensforschung, München 1970

Otto Koenig, Urmotiv Auge, München 1985

René König, Indianer Wohin? Alternativen in Arizona, Opladen 1973, vor allem Kapitel V

René König, Menschheit auf dem Laufsteg. Die Mode im Zivilisationsprozeß, München 1985

Nicola Squicciarino, Il vestito parla. Considerazioni psicosociologiche sull abbigliamento, Roma 1986

Hans Peter Thurn, Gärtner und Totengräber, in: Kölner Zeitschrift für Soziologie und Sozialpsychologie Bd. 37 (1985)

Ingrid Loschek

MODE —
MEDIUM DER
ANSCHAU-
UNGEN
Mode und Opposition

Die Aussage der Mode kann – je nach Standpunkt des Betrachters – widersprüchlich sein: was dem Punk ein Zeichen der Ordnung ist, ist dem Bürger ein Zeichen von Unterdrückung. War dem Monarchisten die Allongeperücke ein Merkmal von Würde und Ordnung, so war sie dem Kritiker ein Merkmal für Unterdrückung und Schwäche.

Indem der Mensch anders als oder gleich wie der andere sein will, akzeptiert er vollkommen unpraktische Moden (Reifrock, Korsett) ebenso, wie er «Marken-Prestige-Denken» ausbildet. Die richtigen Initialen auf dem Pullover, das richtige Emblem an der Tasche sind Zeichen von Übereinstimmung innerhalb einer bestimmten Gruppe. Eine andere Gruppe wiederum grenzt sich durch demonstrative Lässigkeit der Kleidung ab.

Das Verändern des Äußeren und das Variieren der Kleidung, die **Mode,** sind bedeutsame und vielsagende Gestaltungsprinzipien der menschlichen Gesellschaft. Sie entstehen in dem Spannungsfeld von Selbstdarstellung (Personalität) und Gruppenzugehörigkeit (Sozialität). Diesem Spannungsfeld ist **jeder** ausgesetzt, auch jener, dem Mode scheinbar nichts bedeutet. Jeder Mensch ist bestrebt, sich selbst innerhalb seiner Umgebung und seines Milieus – das sind sozialer Stand, beruflicher Wirkungskreis, politische Partei etc. – darzustellen. Gleichzeitig paßt sich der Mensch seinem Milieu oder jener Gruppe an, der er angehören möchte. Je nach Veranlagung des einzelnen überwiegt der Drang nach Personalität oder Sozialität.

Zur Befriedigung des Verlangens sowohl nach Selbstdarstellung als auch nach Gruppenzugehörigkeit ist dem Menschen in erster Linie die **Kleidung** eine Stütze. Die Mode kann sowohl den Typus eines Menschen ausdrücken – adrett, lässig, sportlich – als auch die Möglichkeit der Verwandlung und des Verbergens bieten. Der Psychologe H.-J. Hoffmann spricht bei letzterem vom «Nadelstreifanzug als Gesellschaftsmaske».

Weiter kann die Mode die Lebens- und Denkweise der Menschen, als «Zeitgeist» umschrieben, veräußerlichen. Dieser wird von politischen, sozialen, wirtschaftlichen, technischen und kulturellen Faktoren bestimmt, die – wie die davon beeinflußte Mode – ihrerseits Veränderungen unterliegen. Die Mode wird zum **Informationsträger** und löst somit eine **visuelle Kommunikation** aus. Diese ist besonders ernst zu nehmen, da sie noch **vor** jeder verbalen Kommunikation

stattfindet und darauf die Tatsache der ersten Einschätzung nach dem Äußeren des anderen beruht.

Das Sprechen durch Äußerlichkeiten und das Entstehen von Moden ist nicht in der neuzeitlichen Lebensweise verankert, sondern liegt in der Natur der Menschen. Da der Mensch nicht als Einzelwesen veranlagt und ihm eine soziale Lebensform zu eigen ist, kommt es zur Ausbildung unterschiedlicher Triebe: Geltungs- und Nachahmungstrieb, Imponiergehabe, sexuelle Anziehung, Schmuckbedürfnis und Spieltrieb. Ursprünglich kamen kultisch-magische Motivationen hinzu. Sie sind Ursache für das Verändern des Äußeren, für das Bekleiden und das folgende Variieren, und somit für Mode. Entgegen der allgemeinen Annahme war die Schutzfunktion der Kleidung ebensowenig primäre Ursache des Bekleidens wie die Scham, die zwar angeboren ist, sich aber nicht notwendigerweise auf Geschlechtsmerkmale beziehen muß, sondern sich je nach Kultur und Religion verschiedenartig äußert. Bereits die frühesten Formen von «Bekleiden», das sind Körperbemalung und Tätowierung, wie sie bei Naturvölkern bis heute gegeben sind, dienten einerseits der Abgrenzung einer Sippe, andererseits der sozialen Abstufung innerhalb derselben. Diese soziale Kennzeichnung führte, neben merkantilen Zwekken, vom Altertum bis zum 18. Jahrhundert sogar dazu, die

Junge Frau um 1435

Ausführungen der Mode und deren Aufwand in sogenannten Kleiderordnungen je nach sozialem Stand zu regeln. Sie wurden von Regierungen, Landesherren, Reichstagen oder selbständigen Stadtverwaltungen herausgegeben. *«... so verbot man ... den Angehörigen gewisser Stände das Tragen mancher Modeartikel, weil die Herren sich absolut nicht in den Gedanken finden wollten, daß die äußerliche Sichtbarkeit der Standesunterschiede verschwinden könnte»*, schrieb Max von Boehn.

Eine große Rolle als Standessymbol und Anschauungsbekenntnis spielte

Salome, tätowiert mit 14 Farben

zu allen Zeiten die **Kopfbedeckung.** In der römischen Antike war der Pileus, eine runde Kappe, Zeichen der Freiheit. Sie wurde dem Sklaven bei seiner Freilassung symbolisch auf das Haupt gesetzt. Im hohen Mittelalter durfte sich die verheiratete Frau nur mit bedecktem Haupt in der Öffentlichkeit sehen lassen. Ihr war in vielen Städten auch die Art der Kopfbedeckung je nach Stand bestimmt. Den Juden war von der katholischen Kirche von 1180 bis ins 16. Jahrhundert in Deutschland ein gelber, spitzer Hut oder Turban mit spitzem Kopf vorgeschrieben.

Einen großen Wandel von revolutionärer zu reaktionärer Kopfbedeckung machte der Zylinder durch. Während der Französischen Revolution war der mit einer Kokarde oder einem Hutband in den Nationalfarben geschmückte «Hohe Hut» Zeichen des bürgerlichen Revolutionärs und wurde auch von politisch engagierten Frauen getragen. In Rußland war der Zylinder als bürgerlich-anarchistische Kopfbedeckung verboten! Durch das dem Menschen eigene Vermögen der Gewöhnung aber verlor der Zylinder allmählich seinen herausfordernden Charakter. Ja, er wurde zum konservativen Hut schlechthin, als sich der französische Bürgerkönig Louis Philipp mit Frack und Zylinder, ostentativ bürgerlich gekleidet, in der Öffentlichkeit zeigte. Ein Zeichen von Konservatismus und politischer

Konformität war der Zylinder auch in Deutschland und Österreich zur Zeit der bürgerlichen Revolution von 1848. In der Nacht vom 29. auf den 30. Oktober tauschten die rebellierenden Bürgergardisten ihren in der Zwischenzeit zum demokratischen Gesinnungszeichen gewordenen Schlapphut aus Angst vor den kaiserlichen Truppen schnell gegen den regimekonformen Zylinder ein. Somit ging der Zylinder, der gerade in sehr hoher Form modern war, als «Angströhre» in die Geschichte ein. Schließlich mußte er für so widersprüchliche Funktionen wie als Chapeau claque, als offizieller Beerdigungshut sowie als Kopfbedeckung der Kaminfeger (wegen seiner symbolischen Röhrenform) herhalten. Das neue Gesinnungszeichen der Opposition aber war in der zweiten Hälfte des 19. Jahrhunderts erwähnter breitkrempiger Schlapphut mit rundem oder leicht spitzem Kopf. Seine Bezeichnungen – Kalabreser, Karbonari- oder Heckerhut – verraten seine politische Aussage. Vom Hut unterdrückter Bauern in Kalabrien wurde er zu jenem der Karbonari, einer Gruppe italienischer Geheimbündler, die sich um 1810 bis 1820 für die Einheit und Unabhängigkeit Italiens und für Religionsfreiheit einsetzten. Sie wurden Karbonari genannt, weil sie sich in verlassenen Kohlenmeilern (ital. carbonaio: Köhler) trafen. Ebenfalls als Gesinnungszeichen übernahm der deutsche Politiker und Führer der radikalen Linken,

Friedrich Schiller, 1786

Friedrich Hecker (1811–1881), diese Hutform. Hecker hatte zu Beginn der Revolution von 1848 vergeblich versucht, die Republik in Deutschland durchzusetzen, und sah sich gezwungen, ins Exil in die Vereinigten Staaten auszuwandern. Der Kalabreser aber wurde sowohl Kopfbedeckung des deutsch-national gesinnten Mannes wie des Künstlers Wilhelm Busch als auch des konservativ-liberalen «Reichsgründers» Otto von Bismarck und erhielt damit seine vorläufig letzte Bezeichnung: «Bismarckhut». Ein weiteres Beispiel für den Wandel der Aussage eines Kleidungsstückes gibt uns der Frack. Als Tuchrock des Kleinbürgers wurde

er um 1770 wegen seines bequemen
Schnittes als erstes vom englischen
Landadeligen anstelle des höfischen
Justaucorps (steifer Schoßrock) angenommen. Danach übernahmen
ihn Intellektuelle, Aufklärer und
Künstler als Zeichen zunehmenden
Selbstwertgefühls und Absage an
höfische Konventionen. Seinen Höhepunkt als Symbol innerer Freiheit
erlebte der Frack in der Kleidung
des tragischen Helden Werther
(Wertherkleidung). Die Stürmer
und Dränger, jene brausende Ju-
gendgruppe, die sich durchaus mit
den Hippies der endsechziger Jahre
vergleichen läßt, machten ihn sowie
einen offenen Hemdkragen, den
Schillerkragen, und kinnlanges, of-
fenes Haar zu ihrem Gruppenzuge-
hörigkeitssymbol. Ihr berühmtester
Vertreter, Friedrich Schiller, mußte
sich wegen dieses Äußeren und seiner bürgerlichen Herkunft Repres-
salien an der Karlsschule gefallen
lassen. Den Aufklärern war ihre
Kleidung –Frack statt Justaucorps,
flacher Zylinder statt Dreispitz, na-
türliches Haar statt gepuderter Perücke – ein aussagekräftiges, sich
gegenseitig bestärkendes Medium
ihrer freiheitlichen Anschauungen.
Als der Frack zunehmend Anklang
gefunden und sich der höfische
Justaucorps ihm anzugleichen begann, verlor er allmählich seine so-
zialpolitische Brisanz und war
kaum achtzig Jahre später selbst
zum konservativsten aller Klei-

Sansculotte mit phrygischer Mütze, 1793

dungsstücke geworden. Besonders deutlich trat die Funktion der Kleidung als politisches Gesinnungszeichen während der Französischen Revolution (1789–1795) zutage. Die südfranzösischen Hafenarbeiter, von denen die Aufstände unmittelbar ausgegangen waren, fielen durch ihre weiten, langen Röhrenhosen auf, die in krassem Gegensatz zu den allgemein üblichen Kniehosen standen. Die langen Hosen, nach einer Commedia dell'arte-Figur, die ebensolche Hosen trug, Pantalons genannt, wurden von allen Revolutionären angenommen und nun aufgrund ihres Äußeren als «Sansculotten», deutsch «ohne Kniehosen», bezeichnet. Schließlich wurden die Pantalons zum Vorläufer der noch heute getragenen Herrenhosen, womit erwiesen wäre, daß sich die konservative Nadelstreifenhose, die vielen ein kapitalistisches Erkennungszeichen ist, aus einem erzrevolutionären, proletarischen Kleidungsstück entwickelt hat.

Die Deputierten aus Marseille trugen weiter eine blaue Arbeiterjacke, die Carmagnole, und die Phrygische Mütze, die Mitglieder des Jakobinerklubs als Zeichen der Freiheit annahmen. Der Adelige und der konservative Bürger hingegen fielen durch ihre weißgepuderte Perücke, den Dreispitz und die silbernen Schuhschnallen auf. Alle jene aber, die sich nicht eindeutig durch ihr Äußeres festlegen wollten, flüchteten sich in die Reitkleidung

oder in eine der zahlreichen Ziviluniformen, wie die der Garde-Bourgeoisie. Jedes Kleidungsstück und jedes modische Beiwerk hatte eine politische Aussage. Es gab den «Frac à la Bastille», «Knöpfe à la Nation» oder «à la Tiers état» und für die Damen den «Freiheitsfächer».

Da die Frau aktiv an den politischen Geschehnissen der Französischen Revolution teilnahm, wurde auch ihre Kleidung Zeichen der Gesinnung. Zuvor hatte die Mode der Frau ihre soziale Stellung, jedoch nicht ihre eigenen politischen Ansichten veräußerlicht. Die revolutionäre Proletarierin trug wie der Mann die Phrygische Mütze und die Holzschuhe. Die politisch engagierte Bürgerin den Mantel des Mannes, die Redingote, den frackähnlich geschnittenen Caraco als Jacke, ein Gilet, einen einfachen knöchellangen Rock sowie den Zylinder mit Nationalkokarde. Ihr Äußeres wurde als durchaus «sachlich, männlich und emanzipiert» eingeschätzt. So berichtete der Korrespondent des «Journal des Luxus und der Moden» am 20. Oktober 1792 aus Paris: *«Bey den Moden die uns die Revolution und der Krieg giebt, darf ich auch unsre neuen Amazonen nicht vergessen. [...] bekennen Sie, [...] daß [...] Mutter Natur unsere Französinnen zu wahren Androgynen geschaffen hat. Daß sie Courrier reiten, fechten, sich auf Pistolen schlagen, war, wie Sie wissen, längst Mode. [...] In der That [...] daß der Geschmack, den unsre Damen am Männlichen finden, so weit geht, daß viele von ihnen jetzt vollkommen Männer-Schuhe tragen [...].»*

Offensichtlich – will eine Frau durch ihre geistigen Fähigkeiten imponieren und ernst genommen werden, sieht sie sich gezwungen, eine sachliche, männlich beeinflußte Mode ohne Aufputz anzunehmen und weitgehendst ungeschminkt zu bleiben. Vielsagend wurde deshalb 1880 in England eine Frauenvereinigung unter dem Titel «The Rational Dress Association» gegründet. Der Mann hatte den Schritt zu nüchterner, eintöniger Kleidung schon anfangs des 19. Jahrhunderts, zu Beginn der Industrialisierung gemacht. Haben der dunkle Sakkoanzug des Mannes und das graue Kostüm der Frau etwas mit Berufstätigkeit und mit wirtschaftlichem oder politischen Engagement zu tun?

Eine Rosa Luxemburg fiel um 1900 durch ihr streng geschnittenes dunkelfarbiges Wollkostüm auf, während die Großbürgerin im spitzen- und schleifenverzierten, schleppenden Kleid und engstens geschnürten Korsett steif einherspazierte. Schon von weitem erkannte man die Suffragette am derben Schritt und am einfachen Kostüm; auch «darunter» war sie anders angezogen. Sie verschmähte das Korsett, das den Körper vergewaltigte, und plädierte – wie mit ihr einige Ärzte, Künstler und Intellektuelle – für ein einfaches Brustleibchen und einen Hüftgür-

Miss Fox, englische Suffragette

tel. Die Damen der Gesellschaft nannten diesen Aufzug schlichtweg «geschmacklos». Gerade heute aber lieben Damen der «upper class» das zeitlose, klassische Kostüm. Die Aussage der Kleidung hat sich auch hier geändert.

Nicht immer bietet sich in einem Land eine Vielfalt von Modestilen und werden Minderheiten Möglichkeiten der Selbstdarstellung gewährt. Die Heterogenität der Moden zu einer Zeit ist stark von der bestimmenden politischen Verfassung abhängig. Umgekehrt, je einheitlicher die Gesellschaftsstruktur eines politischen Systems ist, desto geradliniger gestaltet sich die Mode. Dies kann in Diktaturen oder Einparteienstaaten, wie zum Beispiel in China zur Zeit des Maoismus, bis hin zu Ziviluniformen gehen, da der **Uniform** ein besonderer Aussagewert zukommt.

Durch ihre Gleichheit schaltet sie jenes eingangs erwähnte Spannungsfeld von Selbstdarstellung und Gruppenzugehörigkeit zugunsten der alleinigen Betonung der Gruppenidentität aus. Die Uniform erhöht oder erniedrigt (auch solche Beispiele gibt es) den einzelnen Träger mit dem Grad des Ansehens der Uniform ungeachtet der Person des Trägers. Das heißt, das Individuum Mensch steht hinter der gleichbekleideten Masse Mensch zurück.

Ein Exempel für die Macht der Uniform gibt uns der Nationalsozialismus. Keiner hatte besser die enorme Wirkung und Bedeutung der Uniform erkannt als Adolf Hitler, der gerade der noch «formbaren» Jugend eine Uniform gab. Sie spiegelte die Zugehörigkeit zur privilegierten Staatsjugend, der Hitlerjugend und des Bundes Deutscher Mädel, wider und erzeugte Abstand. Der jugendliche Uniformträger konnte von seinem Publikum ehrfürchtiges Zuhören bis unterwürfige Bewunderung erwarten. Die Uniform wurde auch in der Schule als Zeichen der Macht gegenüber anderen Schülern, manchmal auch gegen Lehrer eingesetzt. Außerdem machten es die an der Uniform sichtbaren höheren Auszeichnungen einem Arbeiterkind möglich, ein in der HJ geringer ausgezeichnetes großbürgerliches Kind zu befehlen. Das Ansehen der Uniform war so groß, daß ihr Entzug als Strafe eingesetzt wurde.

Auch die oppositionellen Jugendbünde des Dritten Reiches wußten um den Wert gleicher Kleidung als Zugehörigkeitssymbol. Zum Beispiel trugen die Edelweißpiraten ein schwarzes Hemd und eine Krawatte mit Edelweißabzeichen. Die Zornisten, benannt nach Reinhard Zorn, Führer des Christlichen Jugendvolks Düsseldorfs, gaben sich «durch einen auffällig verformten

Hut» zu erkennen. Ihre einheitliche äußerliche Kennzeichnung hatte eine dermaßen bestärkende Wirkung, daß die Jugendbündler eher Strafen seitens der Hitlerjugend hinnahmen, als ihre Zeichen abzulegen.

Zum weittragenden Anschauungsmedium wurde die Kleidung der außerparlamentarischen Opposition um 1968 und in den darauffolgenden Jahren. Uniformhemd, Parka, Fallschirmspringerstiefel, Che-Guevara-Mütze und Arafat-Kopftuch waren Synonyme für den Versuch einer gewaltsamen Veränderung der Republik. Diese Kleidung wurde von beiden Geschlech-

tern gleichermaßen getragen, denn die Ziele der Veränderungen waren geschlechtsunabhängig: Stopp des militärischen Engagements der USA in Vietnam, Abschaffung politischer Folter, Gleichheit aller Völker, Abbau der Bürokratie, Hochschulreform und Beseitigung von Vorurteilen gegen Äußerlichkeiten. Aber die politischen, sozialen und aufklärerischen Forderungen der Studenten der endsechziger Jahre wurden nicht nur in paramilitärischer Kleidung, sondern auch durch Folklore-Look, verspielte Hippiemode und individuelle Flohmarkt-Klamotten ausgedrückt. Diese Moden beeinflußten nicht nur die

Kleidung **aller** Schichten, sondern die Ideologien auch ihrer inneren Einstellung. Zumindest für kurze Zeit meinte man, Standesvorurteile nach der Philosophie «Alle Menschen sind gleich» abzubauen. Das war in der Tat die magische Zeit der Mode «von der Straße», die der High-Society ein «Understatement» abzwang. Selbst die wohlhabendsten Damen verzichteten auf Schmuck, Abendkleider, kostbare Stoffe und erlesene Pelze und trugen Baumwolle statt Seide, Plüsch statt Pelz und unechten Modeschmuck statt Gold und Diamanten. Erstrebt aber wurde nicht gleichmacherische Uniformierung, sondern – im Gegenteil – Aktivierung der eigenen Phantasie und der individuellen Kunstfertigkeit. Nicht der **Konsum,** der Saga-Nerzmantel, auf den – freiwillig oder unfreiwillig – viele Filmstars verzichteten, sondern die **Idee,** das buntbedruckte Kaninchenfell, zählte. Langes Männerhaar und Bart sollten nicht mit «faul» oder «ungepflegt» gleichgesetzt werden; Nacktheit, Erotik und Sexualität sollten enttabuisiert werden. – Schon einmal, doch unter den Vorzeichen des «gesunden Körpers» und von Idealisierung der «deutschen Herrenrasse» in den Skulpturen eines Arno Breker, war Nacktheit während des Dritten Reichs ein besonderes Anschauungsmedium. Nur die Anschauung wechselte, während das Medium, der nackte Körper, gleich blieb. Die gesamte 68er Ideologie aber

war nicht nur ein Traum von Gleichheit und Freiheit, sondern ein schmerzhafter Prozeß, der freiheitliches Denken und politisches Unterscheidungsvermögen vertiefte. Bis heute tragen beide Seiten ihre Ideologien in mehr oder weniger unveränderter Kleidung auf den Markt. Hier der allgemein als korrekt anerkannte dunkelblaue oder graue Sakkoanzug, die Krawatte und das weiße Hemd mit steifem Kragen; dort der verkrumpelte Pullover, das karierte Hemd mit offenem Kragen, die zerbeulte Jeans und die bequemen Turnschuhe. Die Fronten blieben verhärtet, ob «Position» der Mehrheit oder «Opposition» der Minderheit.

Ein weitaus weniger politisches oder intellektuelles Anliegen hatten die 1977 erstmals auftretenden Punks. Es war eine innerliche Opposition sozial verachteter Jugendlicher. Ihr Widerstand war keiner in öffentlichen Protestreden oder schriftlichen Pamphleten ausformulierter, weltanschaulich festgelegter, sondern ein gewaltsam ausbrechender seelischer, der allein durch die Aufmachung des Äußeren und durch alltägliches Verhalten geäußert wurde. Ihr oppositioneller Kleidungsstil war weniger nach außen, zur Überzeugung Dritter, gerichtet als vielmehr an sich selbst und an Gleichgesinnte. Mies und verachtet, wie ihre soziale und seelische Lage war, sollte auch ihr Äußeres sein; sämtliche bürgerliche Ästhetik erfuhr eine Umkehrung:

Sicherheitsnadeln, grobe Eisenketten, Hammer und Zangen waren Schmuck; die Kleidung zerfetzt, zerschlissen und schmutzig; Lippen und Wangen schwarz; einzige farbige Ausnahme – ebenfalls anders als beim Bürger – waren die Haare, grün oder rot gefärbt, steif in die Höhe stehend oder abgeschoren. Ihr Äußeres war Spiegel von oppositionellem Fühlen.

Gegenwärtig umstritten – oder hat man sich in der Zwischenzeit daran gewöhnt? – ist die Kleidung mancher Grünen als Parlamentsmitglieder. Sie signalisiert ihre Einstellung zu Politik, Militär und Umwelt. So ist es nur legitim, wenn Joschka Fischer bei seiner Vereidigung zum ersten hessischen Umweltminister der Grünen Jeans, Hemd ohne Krawatte und Turnschuhe trägt. Hätte er sich nicht sich selbst und seinen Anhängern gegenüber unglaubwürdig gemacht, wäre er in der konservativen Mode seiner Gegner erschienen? Das Argument von adäquater und unadäquater Kleidung trifft daher nicht zu. Welcher europäische Politiker, ich denke an Helmut Kohl oder François Mitterand, nimmt in adäquater Kleidung – das

wären Jeans und T-Shirt – an einer Jugendveranstaltung teil? Sie gehen im korrekten Sakkoanzug, ihrer Stellung, Anschauung und der allgemeinen Erwartungshaltung entsprechend; das gleiche gilt umgekehrt für manche Grünen. Außerdem könnte es eine Frage der Zeit sein (und hier kann durchaus mit einem größeren Abstand von etwa siebzig Jahren gerechnet werden), bis sich Turnschuhe oder Jeans als konservative Herrenkleidung etablieren. Viele der heute noch so konventionellen Kleidungsstücke sind aus revolutionärer Protestkleidung hervorgegangen. Aber wer fragt noch danach? Es genügt, daß es der «andere», Gleichgesinnte, trägt und daß es «so Sitte ist». Normgerechte Kleidung, das sind in der etablierten Gesellschaft Sakkoanzug, Hemd und Krawatte für den Herrn und das Kostüm für die Dame, garantiert dem Träger, Ernsthaftigkeit auszustrahlen und Vertrauen zu erwecken, egal, wie bestechlich oder menschenverachtend er auch sein mag. Die konventionelle Kleidung ist zur Gesellschaftsmaske geworden, aber sie ist keinesfalls eine Gleichgültigkeit.

Rudi Thiessen

MODE UND
BÜRGERKRIEG

I

Wo immer Kultur Staatskultur ist,
bewegt sich Kunst an deren Rändern – und an den Rändern werden
die Konflikte des Zentrums aus-
agiert. Jede wichtige musikalische
Innovation in der populären Musik
in diesem Jahrhundert artikulierte
sich am Rand der Gesellschaft, und
seit einiger Zeit kann man beobach-
ten, daß eine jede soziale Unruhen
ankündigt. Die wichtigen Stile der
Rockmusik können nicht nur seis-
mographisch gelesen werden, sie
bringen soziale Konflikte nicht nur
zum Ausdruck, sondern die sozialen
Unruhen wären diese nicht ohne
diesen Ausdruck. Das gilt für die
Rockmusik der sechziger Jahre und
die antiautoritären Bewegungen
wie für den **Punk** und die Londoner
Riots, wie für das, was als Neue
Deutsche Welle gelabelt wurde, und
die Westberliner Häuserkämpfe.
Unter diesem Blick fällt sofort auf,
daß keiner dieser Stile sich beschrei-
ben ließe in der Beschränkung aufs
musikalische Material, sondern eine
jede Stilanalyse den Stil als Lebensform anschauen müßte – und deren
Ausdruck ist Mode.
Diese Mode wird am selben sozia-

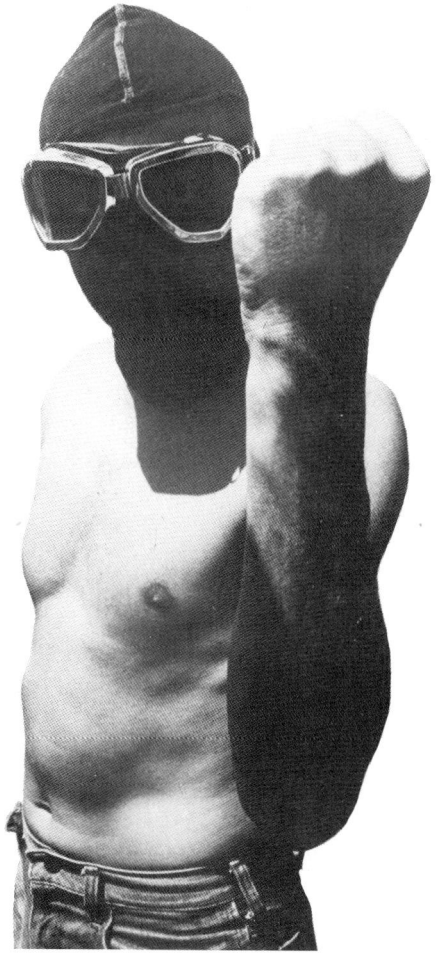

len Ort kreiert wie die Musik, also
an den Rändern, und sie wird – im
besten Fall – ins Zentrum getragen
in der **Flanerie** des symbolischen
Bürgerkriegs. Daß auch Rebellio-
nen staatserschütternden Ausmaßes
den Bürgerkrieg nur noch symbolisch erklären können, macht diesen
noch nicht zur Simulation. Die
Schädelbrüche sind so wenig simu-
liert wie das Feuer bei Bolle oder
der Realitätsekel – angesichts der
Jubelfeiern – bei dem, der es legte.
Daß Flanerie, Mode und Bürgerkrieg etwas miteinander zu tun haben, ist so neu nicht. Baudelaire
und Flaubert erfuhren es 1848 in
Paris. Vielleicht trübt nur die Pa-
role vom Konsumterror den Blick
dafür, daß jede der Protestbewe-
gungen in den verfallenen Metro-
polen immer auch luxurierende
Konsumbewegung war. Radikal
bei denen, die Stil zur Zauberfor-
mel erkoren und denen jene er-
staunlichen Antizipationen, die
Benjamin an der Mode rühmt, rei-
henweise gelangen: die **Mods.** Sie
dachten überhaupt nicht daran –
abstrakt gesprochen –, auf Zivilisation und Luxus zu verzichten, nur
weil sie spezifische Luxus- und Zi-
vilisationsangebote anödeten, sondern verachteten statt dessen diese
Angebote und fanden es sowohl
aggressiver wie genüßlicher, sich
selbst neue zu schaffen: Sie kreierten Mode, und das Fernsehen, das
von ihren Straßenkämpfen in
Brighton berichtete, wurde zum
Laufsteg ihrer Präsentation.

2

Mode, wie sie die Mods kreierten,
Stil, wie ihn die Mods definierten,
spielt mit der Inszenierung von
Identität. Diese wird entgegen den
Identitätszumutungen (Charakter,
Persönlichkeit) zu einem Entwurf,
zu möglicherweise sich schnell ver-
brauchenden, schnell verspielten
Entwürfen. Kleidung wird zum
Text, und der Mod verfällt der Utopie, daß der Erscheinungsform seines Ichs durch die Zaubervokabel
Stil ebensoviel Individualität zu-
käme wie dem Schriftsteller durch
seinen ganz und gar individuellen
Stil. Anspruch und Scheitern werden besungen. Roland Barthes, der
die Sprache der Mode im Umfeld
der Mythen des Alltags analysierte,
unterliefen – zu seinem Ärger – er-
freulicherweise einige «substantielle
Psychoanalysen». Die Analyse der
Sprache der Mode führte ihn in die
Nähe dessen, was sozial skandalös
erst wird in den selbstkreierten Moden der Ränder und deren politischer Flanerie. Denn unübersehbar
ist das rhetorische Signifikat der
Modeaussagen zuweilen die Idee
des Spiels, läuft die Idee dieses Spiels
auf ein Als-ob des Handelns hinaus
und ist das Thema dieses Spiels und
dieses Handelns, um nicht zu handeln, der Traum von Identität und
Andersheit zugleich.
«Sich kleiden, um zu handeln, läuft
in gewisser Weise darauf hinaus,
nicht zu handeln, sondern das Sein
des Tuns ostentativ zu bekunden,
ohne die Widrigkeiten wirklichen

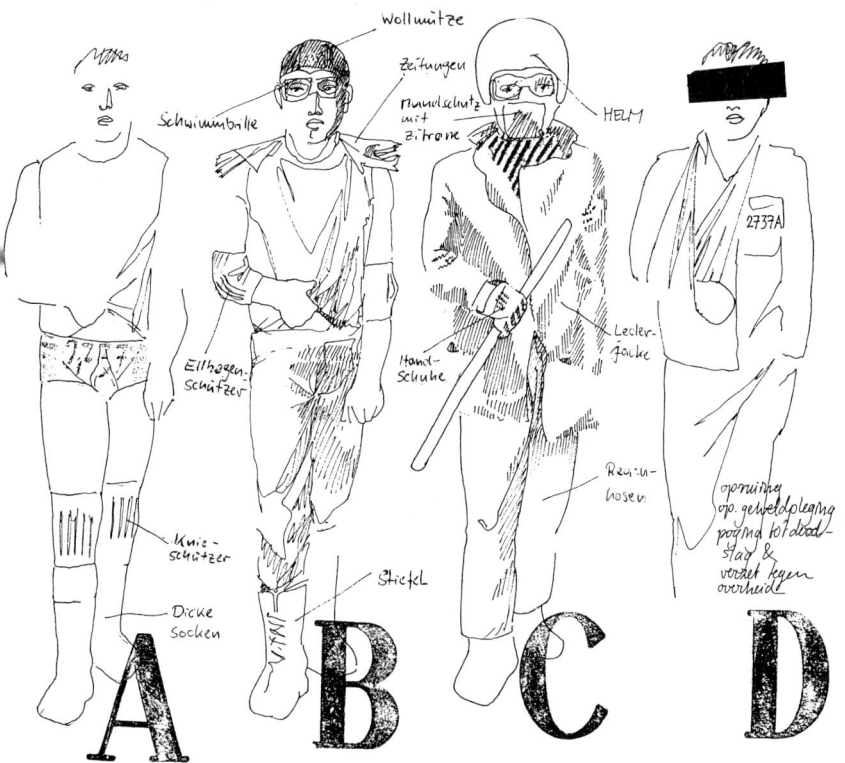

Tuns auf sich zu nehmen.» (…) Auch hier haben die Actions der Mods, der Stadtindianer, der Punks diesen Zug der Mode beim Wort genommen und in Anarchie verwandelt.

Und letztendlich: auch das der Mode eingeschriebene Verhältnis zum Tod fand Roland Barthes in ihrer Sprache: «Jede neue Mode schlägt eine Erbschaft aus und untergräbt den Zwang der vorherigen. Die Mode erhebt sich selbst als ein Recht, als das Naturrecht der Gegenwart über die Vergangenheit.» (…) Das Verstörende an blasierter Intelligenz ist, daß sie den Gegenzug der Mode nicht mitmacht. Denn natürlich ist diese zugleich streng konservativ, «will die Welt allzu gern für unveränderlich halten» und beschwört konfliktloses ewiges Wiederkehren; ihr ist jene rachsüchtige Gegenwart allzu vergänglich, und so sucht sie sich zu «entwaffnen in einer ruhigeren Zeitvorstellung». (…) Im Gegenteil dazu ist jene besessen vom Zwang, die unaus-

sprechliche Vergänglichkeit dieser
Gegenwarten auszusprechen, geradezu manisch die vielen Tode des
Ichs zu inszenieren. Der Geschwindigkeit selbstkreierter Mode, also
den Geschwindigkeiten des Stils –
schließlich Geschwindigkeit als Stil
–, entspricht ein Geschwindigkeits-
modell der Identität. Der Erzähl-

rhythmus solcher Identität wird
diktiert vom jeweils verlorenen Ich.
Das klingt dann ungefähr so:
Das Mädchen oder der **Punk** oder
der **New Romantic** oder der
Rockabilly, der ich vor ein paar
Monaten war, glaubte doch tatsächlich, daß die Dinge so laufen müß-
ten, während die Figur, die ich heute

lem, nun ja, also die Figur, die heute redet, findet es zuweilen spannend zu denken, was die Figur, die sie morgen sein wird, denken könnte, obgleich es dann und dort genauso langweilig sein wird zu denken, was...

Man sollte weder den Terror unterschlagen, der zu dieser Geschwindigkeit zwingt, noch die Mühe, die Arbeit, die diese Inszenierungen erheischen. Vor allem jedoch sollte man die Intelligenz nicht übersehen, die in dieser Erzählform liegt. Immerhin ist sie erstaunlich ähnlich der Erzähltechnik der **Suche nach der verlorenen Zeit,** und kein Zufall dürfte sein, daß die soziologische Klammer, die diese dreizehn Bände zusammenhält, aus Mode und Maskenball gebildet wird.

3

Man könnte diese Konzepte negativer Identität eine Politik der Stile nennen, die politisch wird in der Flanerie als Sabotage des Verkehrs (der Waren und der Ordnungstruppen), jedoch nur, solange man sie zu unterscheiden vermag von dem, was heute unter dem Etikett «Politik der Lebensstile» analysiert wird. Viel mehr als deren Entsprechung, wäre sie Antwort auf diese. Politik der Lebensstile ist ein etwas verharmlosender Ausdruck für den Sachverhalt, daß das Politische als Politisches verschwunden ist. Abriegelung des Politischen nannte es

bin, sich einbildet, den Stand der Dinge so festhalten zu können, während sie doch nicht weiß, welches Licht die Figur, die ich morgen sein werde, den Dingen läßt oder gibt, wenngleich ich mir denke, daß das Licht oder ich dieses oder jenes sein könnte und doch eigentlich keines von beidem oder nichts von al-

rung. Vielleicht reichen die Korrespondenzen so weit wie beim mittlerweile beliebten Spiel, das Niveau der Fußballnationalmannschaft mit dem der Politik in Bonn in Beziehung zu setzen.

Aber ich denke, wenn es stimmt, daß in der Revolution die Mode und die Lüste gedeihen wie die Früchte auf der Asche des Vulkans, dann muß aus der Beschäftigung mit ihr doch etwas mehr herausspringen. Und dann gibt es mir zu denken, daß eine begabte Straßenkämpferin im letzten Herbst, selbst noch in schwarzer Seide, hocherfreut die Rückkehr der Jeans in der Damenmode registrierte. Es genügte ihr als Indiz für die erstaunliche Prophetie, daß es 1987 in Berlin Barrikaden geben werde.

Und als man Jugendliche sehen konnte, denen zwar der ganz große Wurf versagt blieb, deren aggressive Buntheit jedoch davon zeugte, daß sie nicht länger resignierte Postpunks sein wollten, da war das ein Zeichen ihrer Entschlossenheit, sich nicht länger um ihre Rebellion betrügen zu lassen. Als der U-Bahn-Verkehr am Abend des 1. Mai unterbrochen war, reisten die Schöneberger unter ihnen mit einem Taxi-Konvoi nach Kreuzberg.

Herbert Marcuse. Richard Sennett hat es als Tyrannei der Intimität beschrieben, und seit es diese gibt, steht nicht mehr die Politik, sondern das Familienleben des Politikers zur Wahl. Aber das ist mein Thema sowenig wie das Geschäft mit der Mode und die Adaption der Ränder durch das Zentrum. Natürlich wird alles geschluckt. Und natürlich hat Michael Rutschky recht, wenn er sagt, man könne zwar Moden ethnographisch auf Politik und Gesellschaft beziehen, aber warum nun Jeans ausgestellte Beine haben oder nicht, da versage jede Erklä-

Thomas Streicher

B OLSCHEWIKI
S CHICKI

Die Moden sind immer auch ein Spiegelbild der gesellschaftlichen Ereignisse, des Zeitgeschehens, Zeitgeistes, und dementsprechend kurz sind die Zeitabläufe vom Entstehen und Wirken eines Trends zuerst in kleinen Zirkeln der Modeavantgarde, bis zu dem Zeitpunkt, an dem das Thema von allen Medien aufgegriffen, von Designern und Boutiquen erfaßt und für die Szene schon wieder «out» ist und von ihr naserümpfend als «trendy» abgewertet wird.

Als das Thema **Russenchic** oder **Die Russen kommen** – was in der letzten Zeit offenbar jeglichen bedrohlichen Unterton verloren hat – in der Mode aktuell wurde, da fing es gerade an, daß alle staunend, viele hoffnungsvoll und manche mit Sympathie und Bewunderung auf die neue Sowjetunion Gorbatschows blickten. Glasnost und Perestrojka wurden Modewörter, aus dem Generalsekretär des ZK der KPdSU wurde fast liebevoll Gorbi, und an seiner Frau Raissa entdeckte man, daß Russinnen chic und charmant sein können. Bei Couturiers wie Jean Paul Gaultier, Thierry Mugler, Montana tauchten die ersten «Russen-Zitate» als Accessoires, kyrillische Schriftzeichen, Anlehnung an folkloristische Bauernkittel oder fast militärisch strenge Schnitte auf.

Die Szene war aber schon längst viel weiter. Was bei Heavy-Metal-Rokkern und Punk-Kids damit begonnen hat, daß Roter Stern und Hammer und Sichel gegen SS-Runen und Hakenkreuz als «Schocker» eingetauscht wurden, führte schließlich zu einem neuen Kopf-bis-Fuß-Outfit. Bolschewiki-Schicki war / ist angesagt.

Designer, wie die in Berlin lebende Amerikanerin Monika Rivkin oder Alexander «Sascha» von Hoff von Noncult in Berlin – dessen Clou: die Verarbeitung von original Offiziersknöpfen der Sowjetarmee – entwarfen komplexe Kollektionen im Russenstil.

Wer in den siebziger Jahren sich einen Lenin ansteckte oder den Gürtel der Roten Armee umschnallte, signalisierte damit auch seine politische Gesinnung. Heute macht Moskau Mode (Stern), ist «Bolshevique Chic» (Konkret), kommen die Russen in Mode (Brigitte) und trägt man «Lenin am Po» (Spiegel).

Nun ist das aber nicht nur hohle Zeitgeist-Mode. Um Mode werden zu können, bedurfte es schon der Öffnung und Veränderung in und damit des wachsenden Interesses an der Sowjetunion. Sowjetisches Theater, sowjetische Filme zeigen ungeschminkte Wahrheiten, werden im Westen – noch staunend – beachtet und auf Festivals ausgezeichnet. Moskaus Modemacher Numero 1, **Saizew,** wird auch im Westen in den Stand eines Haute-Couturiers gehoben. Das alte Klischee vom Russen, so gekleidet, wie bei uns vor zwanzig Jahren niemand mehr herumlaufen wollte, als graue Masse, eingereiht in einer Schlange, bewaffnet mit einem Einkaufsnetz, gilt nicht mehr allein. Selbst die Kultursendung des ZDF, «Aspekte», entdeckt, daß es in der Sowjetunion eine Künstler- und Designer-Avantgarde gibt, die auch diesen Namen verdient, die sich nicht hinter der des Westens verstecken muß und deren Trends – trotz mancher Ähnlichkeiten – nicht hinterherhecheln.

Jugendliche Heavy-Metal-Fans, Punks (dort «informelle Jugendliche» genannt) gehören in den Großstädten wie Moskau, Leningrad, Riga oder Tallinn zum Straßenbild, haben, zum Teil sogar vom **Komsomol** gestellt, ihre Clubs. Bands wie **Milizija** treten dort auf und lassen ihre avantgardistischen Klänge hören, die auch die «Einstürzenden Neubauten» nicht besser konstruieren könnten. Nonkon-

formistische Maler, die neuen Wilden der CCCP, stellen ihre Werke aus, Performance-Künstler machen ihre Video-Clips, und junge Designer entwerfen und tragen Off-Mode.

Designer und Design sind in der Sowjetunion Modewörter und auch Synonym für Gesamtkünstler und Gesamtkunstwerk. Designer wie **Valdis Celms,** Direktor des Designer-Zentrums Riga, entwerfen futuristische Projekte, Visionen einer modernen, offenen, aber eben auch kommunistischen Sowjetunion.

Alexander v. Hoff / Noncult

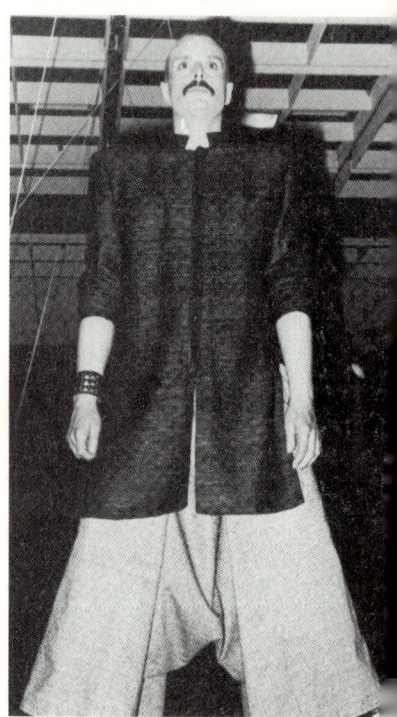

Manche der Theater- und Filmemacher, Musiker, Schriftsteller und Designer sprechen heute von revolutionären Veränderungen und erinnern an die frühen zwanziger Jahre, als im frischen Wind der Oktoberrevolution sich die russischen Avantgarde-Künstler frei jeglicher Zwänge an der Umgestaltung der Gesellschaft beteiligten. Man erinnert sich an Namen wie Majakowski, Eisenstein, Ehrenburg oder Malewitsch.

Modedesigner in der Sowjetunion werden grundsätzlich als Künstler bezeichnet. Das hat seinen Ursprung darin, daß es Künstler waren, Futuristen, Konstruktivisten, Produktivisten, die sich im nachrevolutionären Rußland der frühen zwanziger Jahre intensiv mit der Entwicklung einer eigenständigen, den veränderten gesellschaftlichen Bedingungen und dem Zivilisations-, Technik- und Produktionsenthusiasmus dieser Zeit angepaßten Mode beschäftigten. Es waren vor allem Frauen, wie Ljubòv Popòva, Varvàra Stepànova, Aleksandra Ekster und Nadèzda Lamànova, die die Produktionskunst in die Textil-Kleidermode brachten.

Für sie galt die herkömmliche Mode als ein «Resultat der Willkürherrschaft der Warenproduktion und des bürgerlichen Individualismus, ein Synonym für Unzweckmäßigkeit, Luxusproduktion und überflüssigen Dekor». Es galt für sie, eine Mode zu kreieren, die zweckmäßig, hygienisch, einfach und bequem zu tragen war. Sie sollte aus wenigen Grundelementen bestehen, einfachste, gradlinige, geometrische Formen haben, den Bedürfnissen des Arbeitslebens entsprechen, für verschiedene Gelegenheiten kombinierbar, für die Massenproduktion geeignet und durch Farbstreifen, Muster und Applikationen variierbar sein. (Quelle und in Auszügen zitiert vgl. Marina Schneede: Produktionskunst; Anziehungskräfte München 1986.)

Damals wie heute waren die Russen in. Sicher war es vor nunmehr fast

siebzig Jahren um ein Vielfaches politischer, aber Geschichte wieder-
holt sich nicht, und was ist schlecht
daran, wenn statt Rambo der rote
Stern am T-Shirt prangt?

Monika Rivkin

C C C P–
U N D **S** T A R W A R-
T – S H I R T S

I make clothing because I can't afford what I like and
wouldn't wear what I can afford. I make clothing for a
living because I hate having a normal job. I prefer to
overwork for myself at slave wages.

Most of my family went to America from Russia, fleeing
the Revolution I imagine. I'm from Philadelphia (David
Lynchs' film ERASERHEAD - not the cream cheese)fleeing
conservatism, racism, and the prevailing Rambo mental-
ity. Aside from Berlin being an exception in the BRD in
a similar way that New York City is an exception comp-
ared to the rest of the United States, the change has
not been very drastic. Instead of a small town city
filled with too many students wearing Down Vests, I've
come to another small town city where the major fashion
statement is socks and sandals. Berlin tut mir entweder
sehr gut oder sehr weh. Sometimes I miss not being able
to keep up with the latest mass murder, or sex scandals
among the Fundamentalists, or Nancys' latest outfit.
The absurdities of America can be a contiual source of
inspiration if channeled properly. I came to Berlin to
escape the insanity for awhile, to feel safe on the
streets even at night, and for a relatively easier exist-
ence economically. I did not come here for the fashion.
As far as I'm concerned, there really isn't any fashion
here; rather it's very limited. People wear all black
ragged clothing and still dye their hair bright colors.
One could say that it's London 1977, or I just say that
it's Berlin. Not in or out of fashion - just Berlin. I
somehow like that about Berlin. It really is detatched
from the rest of the world. I have no idea here what is
fashionable this week in London or New York. I have always hated that anyway; the trendier part of fashion.
It manages only to overdo, do badly, and ultimately de-
stroy what started out as a good idea or something wond-
erful that has always existed; like paisley. I usually
dislike trendy clothes. I won't make anything that I'll
only want to wear once or that won't adapt to my next
style. I am often infuenced by trends and will use parts
in my own designs. That is the trick to creativity. The
ability to draw from various sources and to have the end
result still be ones own.

I think that the whole Russian trend is already over.
Jean Paul Gautier did do such a complete job with the
style that it should be left alone. On the other hand
I'd like to see the style worn extensively in America.
Especially the trash that the industry produces. Just
to give all of those God and Communist fearing Americans cause for alarm until they realize oh, it's only
fashion, which they wouldn't and will believe it's
those Ruskies at it again - infiltrating the minds of
our youth with CCCP T- shirts. A strange sort of communication between the East and the West. Perhaps the
CIA will flood the Russian black market with Starwars
T-shirts.

It may be too much to say that the interest in Russian
fashion is a representation of a new curiosity about the
USSR rather than just another trend. The Russian youth
along with the youth of many other countries have for a
long time been fascinated with America, emulating us
through fashion and lifestyle. It seldom goes the other
way. Except for the Japanese(limited to food and fashion)
and the British (limited to music and fashion) influences,
Americans remain mostly fascinated with themselves. The
recent "We are the World" attitude also helped to drive
me away. I'm extremely skeptical about fashion bearing
any serious influence beyond upon itself, but if it helps
even a little to widen peoples perspective of the world
and to break down the barriers of ignorance, then fine -
let it be mass produced hammer and sickle T-shirts. In
Berlin I'm afraid it may be socks and sandals forever.

S. 150/151:
Entwürfe von den Modemachern
Katja Filippowa und Irina Medwedewa

Wjatscheslaw Saizew

ÜBER DIE SOWIETISCHE MODE UND IHRE PERSPEKTIVEN

Die sozialen Wandlungen in der Geschichte der Menschheit hatten immer merkbare Veränderungen in der Kleidung zur Folge. In der Mode ist Information über die Epoche, über eine bestimmte Periode im Leben der Menschheit «verschlüsselt». Dem heutigen Modezeichner fällt es äußerst schwer, die goldene Mitte zwischen der Unifizierung der Kleidung, die sich immer mehr verstärkt, und dem immer größer werdenden Wunsch der Menschen, sich selbst, ihre innere Welt, den Reichtum der Individualität über ihr Äußeres zum Ausdruck zu bringen, zu finden.

Meine Konzeption der Kleidung setzt zum Beispiel die Harmonie zweier wechselwirkender Prozesse voraus: den Ausdruck der inneren Welt des Menschen gegenüber seiner Umwelt, was wohl primär ist, und die Bereicherung des inneren Wesens mittels der Kleidung, der Frisur, des Schuhwerks und des Make-ups ... man kann nicht ein hochkultivierter, moralisch reicher

und geistig feiner Mensch sein, ohne dabei für sein Äußeres Sorge zu tragen. Denn die Kultur der Kleidung ist einer der wichtigen Bestandteile der allgemeinen Kultur der Persönlichkeit. Jede Frau hat wohl die magische Einwirkung der eleganten Kleidung gespürt, die sie veranlaßte, sich anders als sonst zu bewegen, anders zu sprechen und sogar zu denken. Nicht von ungefähr wurde ja bemerkt, daß die Kleidung oder im breiteren Sinne die Mode ein Teil der weiblichen Seele ist.

Es entsteht aber ein Paradox: Alle wollen modisch gekleidet sein, dabei darf aber ihr Kostüm nicht jenem ähneln, das eine andere Frau trägt. Einen Ausweg daraus gibt uns die Volksweisheit ein, die ihre Verkörperung im Kostüm findet: die altertümlichen Trachten der russischen Bäuerinnen – sarafane Röcke, Hemdkleider, Schürzen, Kopftücher – hatten in allen Gouvernements ungefähr den gleichen Schnitt und wiesen eine ähnliche

Modell von Wjatscheslaw Saizew

Farbenskala auf. Bei aller Ähnlichkeit hatte jedoch jedes Gouvernement eine Besonderheit, seine kennzeichnenden Merkmale.

Und schon im regionalen Rahmen bemühte sich jede in Handarbeiten geschickte Frau, ihrer Kleidung einen Strich, ein Detail zu verleihen, die sie von jeder anderen unterschied. Gerade in einer solchen Einstellung liegen die Quellen des individuellen Stils, und die Suche danach ist wichtiger als die große Bewandertheit in der Mode, als die genaueste Befolgung der neuen Tendenzen. Das wird auch noch dadurch erleichtert, daß die Mode selbst heute frei ist und die Fesseln des Diktats sprengt. Sie ist dadurch gut, daß sie nicht vorschreibt, das eine oder das andere zu tragen, sondern das zur Auswahl anbietet, was der Gestalt des Menschen am meisten entspricht: die klassische Zurückhaltung oder romantische Verträumtheit, sportliche Dynamik oder den kühnen Avantgardismus. Dabei existiert jeder dieser Stile nicht unabhängig von den anderen, obwohl er auch nach seinen eigenen Gesetzen funktioniert und sich mit Elementen aus dem Arsenal anderer Richtungen bereichert. Somit findet die Frau, die guten Geschmack hat, eine Menge Lösungen zu dem von der Mode vorgeschlagenen Thema.

Auf meinem langen Weg in der Kunst lockte mich die vielgestaltige Mode in das Labyrinth der Überspanntheit, um mich dann zum As

Modelle von Ljudmila Nadtotschij

Wjatscheslaw Saizew
mit einem Modell bei der Anprobe

ketismus zu bekehren. Überall suchte ich nach den Merkmalen des Stils, der keinen momentanen Veränderungen unterliegt, eines Stils, dem man, einige Details und Beiwerk variierend, sein ganzes Leben lang folgen könnte. Das Ergebnis der Suche ist das Thema der Volkstracht. Sie ist eine lebendige Tradition, in ihr widerspiegelt sich, ebenso wie im Lied, die Seele des russischen Volkes, sie ist für den Modezeichner eine Quelle der Inspiration, ein unerschöpflicher Born. Sie ist auch eine Notwendigkeit im heutigen Leben – wie wir uns vor der städtischen Hast in die Natur retten, so wenden wir uns, von der Kompliziertheit der Formen und Kombinationen fliehend, den reinen Linien und lakonischen Farben der Nationaltrachten zu. Es wäre sinnlos, sie ethnographisch genau nachzuahmen. Es kommt nur darauf an, ihre Weisheit, Reinheit

und Freudigkeit zu begreifen und diese durch das Bewußtsein des modernen Künstlers, der alle Ausdrucksmittel der modernen Zivilisation beherrscht, gehen zu lassen.
Die höchste Errungenschaft der Mode des 20. Jahrhunderts ist die Klassik, die das Gute und Schöne, die Klarheit, Logik und menschliche Individualität behauptet. Der klassische Stil ist in Entwicklung begriffen. Die einstige übermäßige Zurückhaltung, Genauigkeit, Pedanterie verschwinden, an ihre Stelle treten die deutlicher ausgeprägte Fraulichkeit und das Romantische. Dem klassischen Stil sind jetzt das Sportliche und auch Zärtliche eigen.
Die Form bleibt hinreichend traditionell, die Details aber – die Form des Kragens, des Revers, die Schulterlinie, die Taschen, Verschlüsse, Gürtel, Rückengürtel wie auch die

Farbe, die Gewebestruktur, der Be-
satz und die Bestandteile der Garni-
tur-Blusen, Halstücher, Schals, die
Bijouterie – all das erfährt einen
Wandel, sowohl zum Romantischen
als auch zum Sportlichen.
Und dadurch ist sie der Jugend
nahe. Die jungen Menschen, deren
Geschmack sich erst herausbildet,
die zur zurückhaltenden Eleganz
neigen, können im modernen klassischen Stil Befriedigung finden,

nachdem sie die Freude seines Kom-
forts erkennen. Es gibt auch Menschen, die bereit sind, die Last der
mitunter unbegründeten Vorwürfe
wegen der Experimente zu tragen,
die mit der Suche nach eigenem Stil
zusammenhängen. Ihnen schlagen
die Künstler heute verschiedenar-
tigste Formen der Kleidung vor, die
das Hypothetische der Ästhetik der
Zukunft in sich bergen und zugleich
auch die weit zurückliegenden Jahr-

hunderte wieder lebendig werden lassen.

Bei aller immensen Mannigfaltigkeit der Geschmäcker bleibt das Individuelle der wichtigste Vorzug der modernen Kleidung. In diesem Zusammenhang glaube ich, daß die Zukunft der Mode mit Betrieben zusammenhängt, in denen man Kleidung wird bestellen können, die in kleinen Serien hergestellt wird. Nur dann wird der Charme der Kleidung erzielt, der in ihrer Harmonie mit der Persönlichkeit eines jeden von uns besteht – und wir alle sind ja sehr unterschiedlich. Darum halte ich heute, wenn ich an die Modeindustrie denke, der ich fünfundzwanzig Jahre meines Lebens gegeben habe, das System der Modehäuser, die jenem ähnlich sind, in dem ich heute der künstlerische Hauptleiter bin, für perspektivreich. Unser Modehaus auf dem Prospekt Mira in Moskau stellt eigentlich ein Modeatelier höchster Klasse dar, aber ein Atelier mit eigener Ästhetik. Wir diktieren nicht die Mode, möchten aber Anhänger unseres Stils haben, der seinem Inhalt nach ausgesprochen russisch ist.

Im letzten, dem neunten Stock unseres Hauses, ist die Versuchsabteilung untergebracht, in der die Idee der Kleidung nicht nur entsteht, sondern auch konstruktiv und technologisch ausgearbeitet und danach die Kleidung angefertigt wird. Ein Exemplar der Kleidung wird im ersten Stock ausgestellt, so daß der Kunde sie besichtigen kann.

Das gleiche Muster kann man auch im Vorführungssaal sehen, wo wir dreimal wöchentlich theatralisierte Modenschauen veranstalten. Das dritte Exemplar geht mit einer ausführlichen Beschreibung in unsere Zuschneiderei. Wenn dem Besucher ein Kleid gefallen hat, kann er es, nach einer Konsultation eines qualifizierten Spezialisten, bestellen.

Das Modehaus begann als ein Versuchslabor. Hier wurden viele progressive Ideen getestet. Ich möchte aber nur auf eine davon eingehen. Manchmal erfordert ein geplantes Modell einen besonderen Stoff, den es noch überhaupt nicht gibt. So war die Idee entstanden, mit Hilfe der Moskauer Textilindustrie originelle Seidenstoffe zu entwickeln, von denen rund fünfzig Originale geschaffen wurden. Alle Varianten sind leicht herzustellen, erfordern keine besonderen Technologien. Von nun an wird hier die neueste Produktion der Textilkombinate erprobt.

Das Handwerk muß der Kunst nahegebracht werden, denn sonst läßt sich elegante Kleidung nicht anfertigen.

Das wäre meines Erachtens die Perspektive einer erfolgreichen Entwicklung der jungen, aber selbständigen sowjetischen Mode.

Annette Hülsenbeck

KÜNSTLER–
MODE
MODE–
KÜNSTLER

Mode hat immer mit Selbstdarstellung zu tun und speziell mit der Darstellung der eigenen Person im Verhältnis zu den anderen. Mode geht einher – zu datieren seit der Burgundischen Mode des 14. Jahrhunderts – mit Modewechsel; d. h. Formen, Farben und Stoffe der Kleidung wechseln, bevor die Kleidung abgenutzt ist, um als Zeichen des Neuen, Aktuellen gegen das Alte, damit Unmodische gesetzt werden zu können.

Die Künstler scheinen seit der Renaissance bei der Wahl der für sie «angemessenen» Kleidung eine besondere Stellung eingenommen zu haben. Seit der Profanisierung der Kunst verstehen sie sich nicht mehr in erster Linie als Handwerker, die zur Ehre Gottes Bilder und Skulpturen schaffen, sondern als Künstler, deren individuelle Weltsicht in ihren Werken Ausdruck findet. Die neue Sicht der Natur ist kein bloßes Abbild der Natur, sondern die bildhafte Formulierung der als ideal erkannten Natur, die neue Sicht des Menschen orientiert sich an einer philosophisch fundierten Idealität des Menschen, die in den Kunstwerken als Vorstellungen bildhaft werden. In diesem Prozeß wird der Künstler zum Schöpfer, die Auffassung vom Künstler als geniehaft Schaffendem bildet sich heraus. Der Künstler stellt eine Sache – das Kunstwerk – selbst und allein her, signiert das Original als sein geistiges und handwerkliches Produkt, das einer Person zuzuschreiben und als solches unverwechselbar ist. Die Einheitlichkeit der künstlerischen Tätigkeit als Verbindung von Denken und Tun wird zur Besonderheit in einer Zeit, wo die umgebende Gesellschaft durch zunehmende Spezialisierung und Arbeitsteilung organisiert ist. Dem Kunstwerk wächst eine Eigenart zu, die Walter Benjamin als Aura definiert, als einmalige Erscheinung einer Ferne, so nahe sie auch sein mag.

Über die Besonderheit seiner Tätigkeit und seines Produkts wird auch der Künstler etwas Besonderes. Er ist kein Handwerker, der sich innerhalb des zünftigen Handwerks als

Johannes Itten in Bauhaustracht

kratisch-republikanische Verfassung abgelöst, in der jedem Bürger die politisch gleichen Rechte zugestanden sein sollen. Die Zuweisung gesellschaftlicher Positionen erfolgt nicht über eine von Geburt her bestimmte Standeszugehörigkeit, sondern über Arbeit und Leistung, die sich in Besitz und Macht verfestigt haben müssen. Die Kleiderordnungen fallen weg, die freier gewählte modische Repräsentation der eigenen Person und der eigenen Position treten an ihre Stelle.

Künstler werden in diesem Prozeß zu herausgehobenen Individualisten, vielleicht könnte man sogar sagen: zum Prototyp des bürgerlichen Individualisten, er ist etwas Besonderes, von der großen Masse Unterschiedenes. Nicht mehr nur die Aura des Kunstwerkes, sondern zunehmend die Aura der Künstlerpersönlichkeit wird wesentlich.

Ende des 19. Jahrhunderts kommt die Kunst in ihrer abbildenden Funktion in eine Krise, die Fotografie übernimmt wesentliche Teile dieser Funktion. Die Malerei unternimmt den Versuch einer neuen Positionsbestimmung über die Verselbständigung der gestalterischen Mittel hin zur konkreten Kunst.

Der **Surrealismus** und auch Teile des **Expressionismus** beziehen die psychischen Dimensionen des Menschen in ihre Malerei ein. Zudem entwickeln sich Kunstgattungen, die eine Neubestimmung des Verhältnisses von Kunst und Leben leisten, die die Kunst über die ästhe-

solcher verstehen und kleiden müßte. Der Künstler ist eine im bürgerlichen Sinne individuelle Persönlichkeit, der selbst seinem Auftraggeber gegenüber eine Sonderstellung einnehmen kann, ohne die Sanktionen ungehorsamen Untertanen gegenüber sogleich spüren zu müssen. Michelangelo beispielsweise erkühnt sich, seinen Hut, den er als zu seiner Person zugehörig begreift, in Gegenwart des Papstes nicht zu «lüften», die Geste des Untertanen ist ihm nicht abzuverlangen.[1]

Mit der Französischen Revolution, die hier idealtypisch als Beginn der modernen bürgerlichen Gesellschaft verstanden werden soll, wird das Ständesystem durch eine demo-

tische Grenze ins Leben hinein-
wachsen lassen wollen. Die Realität
der Massenproduktion und die Ver-
einheitlichung der Menschen in der
Arbeit lassen die Sehnsucht nach
dem Einmaligen, Unverwechselba-
ren wachsen, zumal sich die Hoff-
nungen auf eine politische Gleichheit, die sich nicht am Widerstand
der wirtschaftlichen Ungleichheit
bricht, nicht eingelöst haben. Der
Bedarf an Sinngebung, an Leben
(nicht nur an Produkten) läßt eine
neue Kunstform entstehen, wie
Happening oder Performances, der
Künstler wird zum Schauspieler,
zum Darsteller seiner selbst.

Duchamp als radikaler Vertreter
eines neuen Kunstverständnisses erklärt: «Der Künstler selbst muß ein
Meisterwerk sein.»[2] Er interpretiert
alltägliche, massenproduzierte Gebrauchsgegenstände um, indem er
sie aus dem bekannten Alltagszu-
sammenhang herauslöst und – wie
Kunstwerke – ins Museum bringt.
So macht er sie anderen Wahrneh-
mungsmöglichkeiten zugänglich.
Der Akt des Auswählens und Um-
interpretierens ist dabei wichtiger
als die Neuproduktion. 1957 stellt er
seine Anzugsweste als Kunstwerk
aus, adelt den Konfektionsartikel
durch den Fondwechsel und macht
ihn dadurch zu etwas Besonderem.

Joseph Beuys demokratisiert die
Forderung Duchamps «Jeder
Mensch ist ein Künstler»[3], wobei er
sich selbst als Prototyp (Beispiel)
dieses «jeden» darstellt. Die Art der

Lazlo Moholy-Nagy im Monteuranzug

Kleidung, die er trägt, ist keine von ihm entworfene «Mode», sondern die spezifische Zusammenstellung konfektionell hergestellter Kleidungsstücke aus dem «gesellschaftlichen Kleiderschrank». Er kombiniert Jeans, weißes Hemd, Anglerweste und Filzhut. Jeans, die aus der Arbeitskleidung in den fünfziger Jahren zur Protestkleidung der Jugendlichen wurden (gegen die Anzüge und Kostüme ihrer Eltern) und heute fast allgemein verbindliches Kleidungsstück sind. Das weiße Hemd aus der bürgerlichen Tradition der Herrenoberbekleidung, die Anglerweste steht für Arbeit und Freizeit, verweist aber auch auf das fast religiöse Motiv des Fischers als Menschenfischer. Der graue Filzhut als bürgerliche Kopfbedeckung, den Beuys fast nie «lüftet», in der Tradition des selbstbewußten Künstlers, der seine Untertanenrolle verweigert.[4] Gegen alle modischen Tendenzen stellt er den als richtig gefundenen Anzug, die Kleidungsstücke verweisen auf menschliche Traditionen und Arbeitstätigkeiten, die Symbolik der Kleidung ist keine willkürliche, sondern eine bewußt gewählte, die nicht dem modischen Wechsel unterliegen kann. Die Kleidung lädt sich durch die in ihnen haftenden Lebensspuren auf und kann als Hülle aussagekräftig ins Kunstwerk integriert werden. Dies wird in Beuys' Abschiedswerk – **Palazzo Regale** – deutlich, wo er seinen Mantel, den er in vielen Aktionen getragen hat, wie seine

sterbliche Hülle inszeniert und wirken läßt.

Die Affinität von Künstlern zu ihrer Kleidung kann die Form des zeichenhaften Bekennens des eigenen künstlerischen Standpunkts haben, wie bei **Moholy-Nagy**, der sich als Künstler-Arbeiter mit einem **Monteuranzug** bekleidet, oder bei **Johannes Itten**, der eine **Bauhaustracht** für sich entwickelt, die stark an asketisch-mönchische Kleidung erinnert. Künstler können sich auch plakativ als Teil ihrer Kunst verstehen, wie zeitgenössische Graffiti-Künstler, die dem Zeitgeist Farbe geben, «indem sie sich und anderen das bunte Weltbild auf den Körper sprühen», oder Keith Hering, dem «Kunst gefällt, die herumläuft, denn Kleidung macht die Kunst menschlicher.»[5]

Sonia Delaunay ging den Weg von der Selbststilisierung durch ihre simultaneistischen Kleider zur Modeschöpferin. **Robert Delaunay** und ihr war es in der Malerei darauf angekommen, Bewegung «ins» Bild zu bringen. Durch die Simultankontraste sollte das Auge auf dem Bild hin und her wandern und so die Illusion von Bewegung erzeugt werden. 1913 übersetzt Sonia Delaunay ein Gedicht von Blaise Cendrars in Farbe. Simultaneität ist für sie auch die Kunst, Harmonie zu schaffen zwischen Dingen, die auf den ersten Blick dissonant und entgegengesetzt sind. 1914 übersetzt sie ein Gedicht in ein Kleid und versucht so, Worte und Schnitteile in

Graffity-Künstler Markus Krips

Beziehung zu setzen. Sie dehnt den Bereich ihrer gestalterischen Arbeit aus, indem sie – zum Teil mit Robert Delaunay zusammen – Theaterdekorationen und Kostüme entwirft.

Grundlage ihrer simultaneistischen Kleider sind jedoch zunächst die Kleider, die sie sich als «Übersetzung» ihrer Malerei im Kleid für sich gemacht hat. Den Schnitt der Kleidung hat sie der herrschenden Mode entlehnt, ihr kam es primär auf die Gestaltung durch die Farb- und Formkontraste an.

Sonia Delaunay hat nicht in dem Sinne Mode kreiert, indem sie immer neue Kreationen entwarf, sondern für sie war eine bestimmte Kunstrichtung die Orientierung für ihr Design. Solange diese Kunstrichtung aktuell war, waren es ihre Kleider auch. Robert Delaunay sagte dazu «Mode bedeutet das Neue, und Sonia ist die große Neuheit, die *jetzt* die Kunst unserer Epoche befruchtet.» Nach dem Ende der zwanziger Jahre hört Sonia Delaunay auf, Kleider herzustellen, sie modernisiert ihre Arbeiten nicht, indem sie neue Tendenzen aufnimmt. Ihre Kleider haben aus unserer Sicht das Flair «angezogener Bilder».

Die Künstler nehmen bei der Gestaltung ihrer eigenen Person die These vorweg, die der heutigen

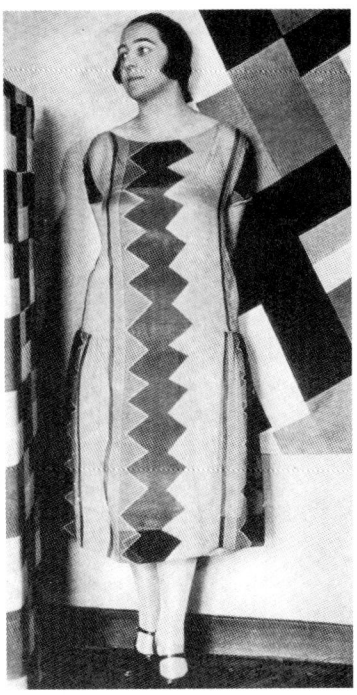

Sonia Delaunay in einem ihrer Kleider

163

Modewerbung zufolge für jeden gelten soll: die Propagierung der Individualität. Was bei den Künstlern – im guten Sinne – symbolisch als Verweis auf ihre Arbeit sichtbar wird, entfällt bei der modischen Vermarktung dieses Prinzips.

Gegenmode und Gesamtkunstwerk

Im anfangs beschriebenen Prozeß der Profanierung der Kunst kommt es zur Ästhetisierung des Lebens. «Dabei wurden die guten Werke nun zu schönen Werken, eben zu Kunstwerken: zu guten Werken der schönen Künste.»[7] Die Künstler, die in ihrem genialen Schöpfertum eine Zwitterstellung zwischen Gott und Mensch einnehmen, gestalten die Welt (hier besser ihre Welt) als die bessere.

1848 schließen sich **Holman Hunt, Dante Gabriel Rosetti** und **John Everett Millais** zur Bruderschaft der **Präraffaeliten** zusammen. Sie wenden sich entschieden gegen die Bürgerlichkeit ihrer Zeit und ihrer exponierten Produktionsform: der Industrie. Die Kunst muß sich ihrer Meinung nach wieder dem Handwerk zuwenden, der in den Industrieprodukten sich vergegenständlichende «schlechte» Geschmack muß durch die «gute» Gestaltung der Künstler zurückgedrängt werden. Die Kunst soll sich aller Bereiche des Lebens annehmen. Zum Vorbild wird die Handwerkskunst

des Mittelalters. Sie entwickeln ein Frauenkleid, das in der Grundform einen einfachen Hemdenschnitt hat und in der Art der Faltenbildung an die antikisierende Kleidung des Empires erinnert. Mit diesem Hemdkleid protestieren sie indirekt gegen die Mode ihrer Zeit, die den Frauen enge Korsetts und weitausladende Kleider über Krinolinen vorschreibt. Die Kleider sind individuell, zunächst für die Frauen, Freundinnen und Modelle gemacht. Sie sind bewußt antimodisch, als Formulierung einer einfachen, klassisch schönen Gestaltung konzipiert, die die Überladenheit und Repräsentationswut der zeitgenössischen modischen Kleidung bewußt konterkariert.

Beeinflußt von der ästhetischen Bewegung in England, entwickelt **Mariano Fortuny** seine Seidenplisseekleider, die klassische Vorbilder mit modernen Stoffverarbeitungsmethoden verband. Isidora Duncan und Ruth St. Denis, die dem modernen Ausdrucks- und Bewegungstanz verpflichtet waren, treten ab 1907 in Knossos oder Delphos in Kleidern von Fortuny auf. 1909 ließ sich Fortuny sein Kleiderkonzept patentieren; in der Patentschrift wird darauf hingewiesen, daß dieser Typ plissierter Seidenkleider vom klassischen Kleid abgeleitet ist, sein Entwurf aber so ist, daß sie der modernen Bewegung adäquat sind. Während die **Präraffaeliten** in erster Linie Kleider für die ihnen verbundenen Frauen entwarfen,

produzierte Fortuny seine Seidenkleider in einem venezianischen Palast und verkaufte sie in einem dazugehörenden Laden. Trotzdem ist er eher zu den Künstlern zu rechnen, er blieb Herr über die handwerkliche Produktion, es gab nur Originale. Bewunderer seiner Kleiderkunst wie Marcel Proust oder Gabriele d'Annunzio ließen in ihren Romanen ihre Heldinnen in Fortuny-Kleidern auftreten und beschrieben das ihnen eigene geheimnisvolle Flair. «Fortuny erfand Mode außerhalb der Mode. Mode, die nicht wechselt, Mode als Kunst.»
Die Gründung der **Wiener Werkstätte** 1903 ist auch der Abwehr der «schlechten» Massenproduktion verpflichtet. Der Unterschied zwischen freier und angewandter Kunst soll aufgehoben werden. In Folge davon wird die Lebensumwelt nach den gleichen Gesetzen gestaltet wie die Kunstwerke. Es kommt dabei zu dem Paradox, daß Gebrauchsgegenstände wie Kunstwerke gehandhabt werden.

Klimt – einer der Wiener Künstler – entwirft 1906 eine Kleiderkollektion. Die Frauen auf den Bildern von Klimt erscheinen als Teil eines dekorativ gestalteten Hintergrunds, sie wirken wie in einer schönen Hülle eingesperrt. Die Zusammenarbeit mit **Emilie Flöge** – seiner Lebensgefährtin –, die in Wien einen Modesalon hatte, mag dabei von Bedeutung gewesen sein.
Auch die Vertreter des deutschen **Jugendstil** wollen die Umwelt bes-

Gemälde von Gustav Klimt (Ausschnitt)

ser, d. h. nach von ihnen als gültig anerkannten Prinzipien durchgestalten. Sie wenden sich entschieden gegen die modische Veralterung von Produkten. **Van de Velde** formuliert 1902 «Das neue Kunstprinzip in der modernen Frauenkleidung». Ein Kleid soll seine Trägerin so gut als möglich kleiden, wobei das gut auf das Ästhetische, das schön Gestaltete zu beziehen ist. Nicht jede Saison ein neues Kleid, sondern *ein* Kleid, das nach den «richtigen, allgemeinen Konstruktionsprinzipien» entwickelt worden ist. Die Durchgestaltung der Umwelt bezieht sich im Jugendstil primär auf den privaten Raum, die bürgerliche Binnensphäre wird durchgearbeitet. Ein Versuch, die industrielle Massenproduktion zu verbessern, unterbleibt.

Die Kleiderentwürfe sind für *Frauen* konzipiert, wobei für van de Velde das eigene Haus der Ort ist, wo die Frau in ihrer (Jugendstil-)Kleidung ihre eigene Individualität zur Geltung bringen kann. Die Bilder, auf denen Frauen in diesen Kleidern zu sehen sind, zeigen, wie sich die Gestaltung des Innenraumes auf die Frau auszudehnen scheint.

Die Umgebung des Künstlers – zu der die Frau unmittelbar dazugehört – wird zum Kunstwerk. Trivial vermittelt sich diese Haltung in einem Brevier für Frauen von 1914: «Ein nicht richtig ausbalanciertes Nadelgeld der Frau führt aber zu der Geschmacklosigkeit, daß das ‹Hauptmöbel› im Haus – die Hausfrau –, eine der übrigen Umgebung nicht ebenbürtige Bekleidung trägt.»[9] Der Künstler schafft nicht die Welt, wohl aber sein privates Reich.

Die Künstlerkleider als bewußt antimodische Kleidung setzen das von ihnen erkannte Schöne als das allgemein Schöne, sie beziehen sich häufig auf veraltete Produktionsmethoden. Die Privatheit und die Harmonie, die nur die allseits gleichartig gestalteten Elemente gelten lassen (und aushalten) können, sind beängstigend und realitätsfern. Die Wirklichkeit ist nur in der Dialektik zu erkennen. Die gute Kunst, die sich als schöne Kunst versteht, unterschlägt die Widerborstigkeit, die als Stachel der Erkenntnis notwendig ist.

Mit der Technikfeindlichkeit des Jugendstils setzt sich der **Deutsche Werkbund** kritisch auseinander. Hermann Muthesius fordert eine angemessene Verbindung der Kunst mit der Industrie. Durch eine gestalterische gute Form, die standardisiert werden und als Modell für die industrielle Produktion gelten kann, soll der allgemeine Geschmack verbessert werden. Anna Muthesius: «Wenn sich das Geschmacksniveau der Frauenkleidung heben soll, so genügt es nicht, daß ein paar intellektuelle Frauen einige Künstlerinnen beschäftigen. Der Großbetrieb muß wie in allen anderen Kunstgewerbezweigen mit künstlerischen Kräften arbeiten.»[10] Das Problem der künstlerischen Durchdringung der industriellen Produktion stellt sich als Problem der Verallgemeinerung von Geschmackskriterien dar.

An der Frage des Verhältnisses von Avantgarde der Kunst auf der einen Seite und Geschmack der vielen auf der anderen Seite brechen sich die Bemühungen der sozialistischen Produktionskunst.

Die Bekleidungsproduktion wurde in der Anfangsphase des Aufbaus der Sowjetunion von Künstlerinnen stark geprägt, die die künstlerische Gestaltung und die Erfordernisse von Arbeit und Alltag miteinander in Einklang bringen wollten. Die Sowjetunion als Staat der Arbeiter und Bauern thematisiert nicht das Nationalbewußtsein, sondern den Bezug zur Arbeit. Die Typisierung für die Bekleidung folgt daher konsequenterweise den Unterschieden,

Alexandra Exter: Entwürfe für Massen- und Berufskleidung, um 1923

die verschiedene Berufssparten als Anforderungen stellen.

Ljuba Popowa entwirft 1921 Kostüme und Berufsbekleidung für Schauspieler, der Maler **Alexander Rodtschenko** entwarf einen Overall und trat darin als moderner Künstler-Ingenieur auf. **Wladimir Tatlin** entwickelte 1924 einen universellen Arbeiteranzug mit Mantel, der massenweise produziert wurde. Die alleinige Orientierung an Arbeit und die Übernahme von Gestaltungsprinzipien des **Funktionalismus** und **Konstruktivismus** ließen die allgemeine Durchsetzung dieser Kleiderkonzepte nicht zu. Die entwerfenden Künstlerinnen waren eher der Avantgarde zuzurechnen, die Adressaten und Käufer der Kleidung waren die Arbeiter und Bauern, denen die Bildungsvoraussetzungen für diese Art von Gestaltung fehlten.

Die Zusammenarbeit von Kunst und Mode unter der Vorherrschaft der Mode erlebte in den dreißiger Jahren mit **Elsa Schiaparelli** einen Höhepunkt. Elsa Schiaparelli war mit Dadaisten und Surrealisten bekannt und übertrug Neuerungen der modernen Kunst in ihre Kleiderproduktion. Sie beauftragte Künstler, Stoffe für sie zu entwerfen; **Dali** schuf den bekannt gewordenen Stoff mit herausgerissenen Stücken. Ihr 1927 entworfener **Trompe-l'œil**-Pullover wurde von den Zeitungen als ‹künstlerisches Meisterwerk› gewürdigt. Ein amerikanischer Konfektionär

Trompe-l'œil-Pullover von Elsa Schiaparelli

kaufte sofort 500 Stück davon. Schiaparelli schaffte es, ihren Kollektionen einen künstlerischen Interpretationsrahmen zu geben und so ein gewisses Flair zu gewährleisten. 1938 zeigte sie ihre «Zirkus-Kollektion» im Zirkus Medrano in Paris.

Für Schiaparelli war die Ensemblierung aller Teile wichtig, entscheidend für die Wirkung eines Kleides. Relativ standardisierte Grundformen – wichtig für die Konfektion – wurden mit Hilfe von originellen Accessoires zu Besonderheiten. «Jedes Out-fit, ob man eines oder ein Dutzend besitzt, muß überlegt sein, nicht einfach zusammengewürfelt; Schuhe, Hüte, Gürtel, Knöpfe – alles zusammen baut einen speziellen Effekt auf.»[11]

In dieser Beziehung werden die Modeschöpfer tonangebend für das Modeverhalten vieler. Die Inszenierung der eigenen Persönlichkeit, die früher für Adel und Künstler lebensperspektivisch genutzt wurde, wird programmatisch übertragen auf das gesamte modebewußte Publikum.

Die Modeschöpfer, die sich als Künstler verstehen, übernehmen Elemente der modernen Kunstproduktion wie Signatur, Originalität, Neuheit, handgemacht und ziehen dadurch auratische Bestandteile in die Kleiderproduktion ein.

Sie verarbeiten neue künstlerische Richtungen und verarbeiten sie zu künstlerischen Inszenierungen des Alltags, an denen teilhaben kann, wer es sich «leisten» kann. Sie sind allerdings bereit, das nächste Neue genauso zu inszenieren.

Anmerkungen

[1] Siehe dazu Verspohl, Franz: Joseph Beuys, da ist zunächst einmal dieser Hut; in: kritischer bericht 2 / 1986

[2] Duchamp, M.: Ready made, herausgegeben von Stauffer, Serge, Zürich 1973; zitiert nach: Der Hang zum Gesamtkunstwerk, Ausstellungskatalog Zürich 1983, S. 302

[3] Harlan, V. / Rappmann, R. / Scharta, P.: Soziale Plastik: Materialien zu Joseph Beuys, Achberg 1976, S. 113

[4] siehe dazu Verspohl, Franz, a. a. O.

[5] Schneede, M.: Kleider, die der Mode spotten; in ART 10 / 86

[6] Apollinaire, G.: Über die Delaunays; zitiert nach: Schlagheck, L., Vitales Doppel für eine neue Kunst, in: ART 12 / 85

[7] Marquard, Odo: Gesamtkunstwerk und Identitätssystem; in: Der Hang zum Gesamtkunstwerk, a. a. O., S. 40

[8] de Osma, Guillermo: Mariano Fortuny, New York, 1980, S. 119

[9] von Suttner, M.: Die elegante Frau, Berlin 1914

[10] zitiert nach Thiel, E.: Künstler und Mode, Berlin 1979, S. 112

[11] Palmer, White: Elsa Schiaparelli, London 1986, S. 156

Thomas Böhm

REAL KAUF GEKLEIDET— VON ALLEN BENEIDET

Eine Modenschau

Wenn ich übers Wochenende die Familie besuche, freue ich mich besonders auf den Samstagvormittag, denn dann kann ich bei Real Kauf einkaufen gehen. Real Kauf ist ein toller Laden. Das Klima ist angenehm kühl, die Beleuchtung nicht so grell und die Verkäuferinnen durchweg zurückhaltend und freundlich. Im Gegensatz zu dem Ramsch-Supermarkt gegenüber und dem etwas weiter draußen liegenden Plaza-Markt bietet Real Kauf auch erstklassige Ware. In den langen Einkaufsstraßen hat man genügend Platz, und auch auf den dichtbefahrenen Kreuzungen, beim Bier und beim Frischfleisch, entsteht selten ein Stau. Dafür trifft man an den Samstagen alle möglichen Bekannten.

Doch heute ist irgend etwas anders. Ganz Ilpohl scheint auf den Beinen zu sein, der riesige Parkplatz ist gerammelt voll. Am Eingang komme ich kaum durch die Menschentraube. Mit Mühe und Not erwische ich einen der mannshohen Einkaufswagen und drängele mich am Mister Minute Stand vorbei in die Haupthalle.

Nachdem ich die Schranken passiert habe, wird mir auch klar, warum hier heute die Hölle los ist. In dem breiten Gang zwischen den Molkereiprodukten und der Kosmetikabteilung ist ein Laufsteg montiert. Das habe ich nicht gewußt: Die Textilwarenabteilung präsentiert heute die neue Frühjahrsmode! Ich bin gerade noch rechtzeitig gekommen, die Schau soll gleich beginnen. Links und rechts neben dem Steg haben sich viele ältere Damen aus der Nachbarschaft an Tische gesetzt und trinken Kaffee.

Ich darf aber nicht vergessen einzukaufen. Mal sehen, was auf der Liste steht: Kaffee, Zucker, Haferflocken. Doch da erscheint der Moderator und begrüßt die werte Kundschaft. Ich kenne ihn. Es ist Rudi, der Discjockey aus dem Radiogeschäft drüben in Lesum. Wir sind zusammen zur Schule gegangen. Einige Leute klatschen. Dann legt Rudi los:

«Nach dem Motto ‹Real Kauf geklei-
det, von allen beneidet› möchten wir
Ihnen jetzt den Modefrühling servieren.
Wir haben allerdings auf Starmodelle
verzichtet, denn wir wollen Ihnen Klei-
der zeigen, die auch Sie tragen können,
zu Preisen, die Sie auch bezahlen kön-
nen.»
Ein halbes Pfund Tomaten, zwölf
Eier und Haarschampoo gegen
Schuppen steht weiter unten auf der
Liste.
«Begrüßen Sie unsere Kollegen und
Kolleginnen auf dem Laufsteg», tönt
Rudi weiter, «sie haben alle Bammel!»
Aus der Umkleidekabine erschallt
Musik, und dann springen Rudis
Modelle auf den Steg. Ich kenne sie
fast alle. Da ist Klaus, der etwas böl-
lerige Sohn des Porzellan-Abtei-
lungsleiters, dann kommt Sabine,
die immer die Einkaufswagen zu-
sammenschiebt und so schön die

Preise auszeichnen kann, und hinter
ihr hüpft Bärbel aus der Frischwa-
renabteilung über den Steg. Dabei
fällt mir ein, ich brauche noch
Quark, Magermilchjoghurt und
Butter.
Als ich wieder zurückkomme,
schwingt gerade Schorsch, der
schlanke Schlachter, seine Hüften
über die Bretter. «Schorsch zeigt
Ihnen jetzt den Knüller der Saison»,
erklärt Rudi dem Publikum. Moon-
washed Jeans, hundertprozentig Baumwolle, für 75,97 DM, dazu das passende T-Shirt aus Mischgewebe für nur
23,98 DM und ein paar Sportschuhe
der Firma Puma, das Obermaterial ist
Leder.»
Schorsch macht das ganz gut, aber
dann kommt der schnieke Hermann
aus der Handwerkerabteilung.
«Unser galant-charmanter Hermann
zeigt sich auch heute wieder als gewief-
ter Dressman und Ihnen, meine Damen, eine modische Kombination aus
weißem Strickpulli und hellblauer
Cordhose für 99,86 DM», preist Rudi
den Preis.

Als Katja von der Warenannahme ein rosa Kostüm zeigen möchte, fangen zwei Jugendliche neben mir an zu lästern: «*Guck dir mal die Wuchtbrumme an, wie die mit ihren Klebestiften den Boden stempelt.*» Ich ziehe weiter. Einmal Ajax und drei Wiener Würstchen stehen noch auf dem Plan. Und ein Viertelpfund Tilsiter, modisch geschnitten, bitte.

Während ich meinen Einkaufswagen vollpacke, kriege ich mit, wie Rudi ein Mode-Quiz an den Start bringt. Drei Frauen kommen auf die Bühne, und Rudi fragt sie, wieviel Artikel hier in diesem Real Kauf Markt erhältlich sind, 5000, 10000 oder 40000? 40000, sagt die Frau mit der Brille und gewinnt einen CD-Spieler. Ehrfurchtsvoll und etwas befremdet guckt sie sich das Gerät an. Wahrscheinlich hält sie das für einen Toaster.

Apropos Brot. Ich brauche noch Mehl. Das Mischgewebe als Bindemittel. Und die Nudeln. Und die Tee-Socken.

Rudi moderiert jetzt das Sportstudio auf dem Laufsteg. Hermann schlägt in seinem Jogginganzug Purzelbäume und zeigt ein Paar Kniestrümpfe der Marke Athlet, wie der flotte Ansager versichert. Dann kommt das Finale. Alle noch einmal auf den Laufsteg.

«*Ein Dankeschön an die, ohne die hier gar nichts gelaufen wäre*», ruft Rudi. «*Ein herzliches Dankeschön an die Damen der Kosmetikabteilung und an unseren Friseur Peter, der für die schicken Frisuren und die Choreographie verantwortlich ist. Liebes Publikum, ich wünsche Ihnen noch einen schönen Einkaufstag.*»

Nachdem alle brav applaudiert haben, löst sich die Menge auf, und jeder geht wieder seinen eigenen Einkaufsweg. Ich eile noch schnell zum Wurststand und bestelle Kräuterleberwurst, die Pelle aber bitte aus hundertprozentiger Baumwolle.

Niko Ewers

AUS DEM NÄH-KÄSTCHEN GEPLAUDERT
Von Null auf eine Million-
Ein Branchenneuling berichtet

Mein Freund M. ist Unternehmer geworden. In der Modebranche. Sein Studium hat er abgebrochen, auch die Arbeit in einem alternativen Hungerlohn-Projekt, und vor knapp zwei Jahren mit seinem Bruder und dessen Frau eine Firma gegründet. Seitdem produziert er Kleidung für Kinder, schöne, teure Sweatshirts vor allem. Obwohl er mit Mode und Kindern vorher nichts zu tun hatte und die Wahl des Geschäftszweiges auch eher ein Zufall war, ist M. mit Leidenschaft bei der Sache. Und nicht ohne Erfolg. Heute hat der Umsatz seiner Firma längst die Millionengrenze überschritten, und aus dem anfangs dreiköpfigen Laden ist einer mit zwanzig Beschäftigten geworden.

Was brauchten wir, um überhaupt anzufangen? Geld natürlich, viel Geld. Das hatten wir. Privates Vermögen, Erbschaft. Das Geld diente erst mal dazu, uns dreien einen ordentlichen Monatslohn auszuzahlen. Was wir dann gekauft haben, war ein Fernschreiber. Unser Laden sollte nach außen aussehen, als hätte er schon eine entsprechende Größe. Und zu einer größeren Firma gehört immer ein Fernschreiber. Bei uns hat es ein halbes Jahr gedauert, ehe er zum erstenmal genutzt wurde, aber das war egal. Dann kam Briefpapier hinzu, entsprechend nobel aufgemacht.

Wir wollten Sweatshirts produzieren, wußten aber damals nicht, wann und wie so etwas überhaupt zu verkaufen ist. Wir hatten mit Mode bislang nichts zu tun gehabt, wußten selbst nicht, daß man im Frühjahr die Sachen für den Winter und im Herbst die für den nächsten Sommer macht. Dafür aber, daß regelmäßig Messen sind, in Köln. Haben also rumtelefoniert, den Termin bekommen und auch gleich einen Stand. Das war sechs Wochen vor Beginn der Messe. Wir hatten sechs Wochen Zeit, eine Kollektion zusammenzustellen. Wir haben uns ein paar Sweatshirts geholt, ganz normale aus dem Kaufhaus, gingen damit zu einem Nähbetrieb und sagten: «Näht uns die Sachen so und so.» Vorher waren wir in einem Betrieb, um Stoffe zu kaufen. Die haben uns da erst mal komisch angeguckt: «Es gibt keine Sweatshirt-Stoffe.» Die heißen nämlich Futterstoffe. Wußten wir nicht. Auch nicht, daß wir Randstoffe brauchen würden für die Bündchen am Saum, an den Ärmeln, am Hals, daß es die Stoffe nur in Grundfarben gibt, wir also die gekauften Stoffe zu einem Ausrüster bringen und sie färben, spannen und auf Arbeitsbreite zuschneiden lassen mußten. In der Näherei wollten sie erst mal wissen, an welche Verarbeitung wir gedacht hatten, an was für Nähte und so weiter: «Zeigt mal eure Schnitte!» Wir haben uns nur angeguckt: Was meint der mit Schnitten? Denen kam es komisch vor, daß wir von nichts Ahnung hatten.

Schließlich haben wir eine Näherei gefunden, die für uns arbeiten wollte. Wenig später kamen die Stoffe vom Ausrüster, Stoffballen, 20 kg schwer, 1,85 breit die Stoffbahnen, wie eben üblich. Die werden dann auf den Zuschneidetisch gelegt, die Schnitte kommen drauf, es wird ausgeschnitten und dann genäht. Der Stoff, den wir damals gekauft hatten, war leicht wie Lappen, mindere Qualität, aus Korea. Na, wir dachten, unsere Motive machen das wieder wett.

Dann hatten wir unsere Musterkollektion, ein paar hundert Teile mit drei Schritten in jeweils zehn, zwölf verschiedenen Farben und mit insgesamt zehn verschiedenen Motiven. Und zogen nach Köln. Wir hatten uns einen ganz extravaganten Messestand bauen lassen. Kosten: über 10 000 DM. Der Stand fiel wirklich auf. Nur hatten wir einen schlechten Platz, direkt am Notausgang der Halle und am Rand der Abteilung «Mode für die werdende Mutter». Das paßte natürlich überhaupt nicht. Wir hatten uns alle schnieke gemacht, Sekt gekauft, um schön zu repräsentieren... Am ersten Tag haben wir überhaupt nichts verkauft. Und das blieb im Grunde so während der anderen Tage. Mit drei Leuten kamen wir ins Geschäft: einer nahm dreißig Teile, die anderen zwanzig. Die Resonanz ansonsten? Die meisten fanden die Motive ganz schön... aber die Stoffe, die Schnitte – langweilig, uninteressant. Wir hatten für Musterkollektion, Messestand und Hotel 50 000 DM verbraten.

Was von der Kollektion übriggeblieben war (und das war ja das meiste), damit sind wir von Geschäft zu Geschäft gezogen und haben verkauft, jeden Tag für ungefähr zwei- bis dreitausend Mark. Das war gar nicht schwierig und hat auch Spaß gemacht. Jedenfalls haben wir gesehen, daß es doch einen Markt für unsere Sachen gab.

Wir fanden dann einen Betrieb, der uns die richtige Stoffqualität besorgte. Der hatte auch mal für Boss genäht. Man lernt ja, wenn man Sweatshirts produziert, über die

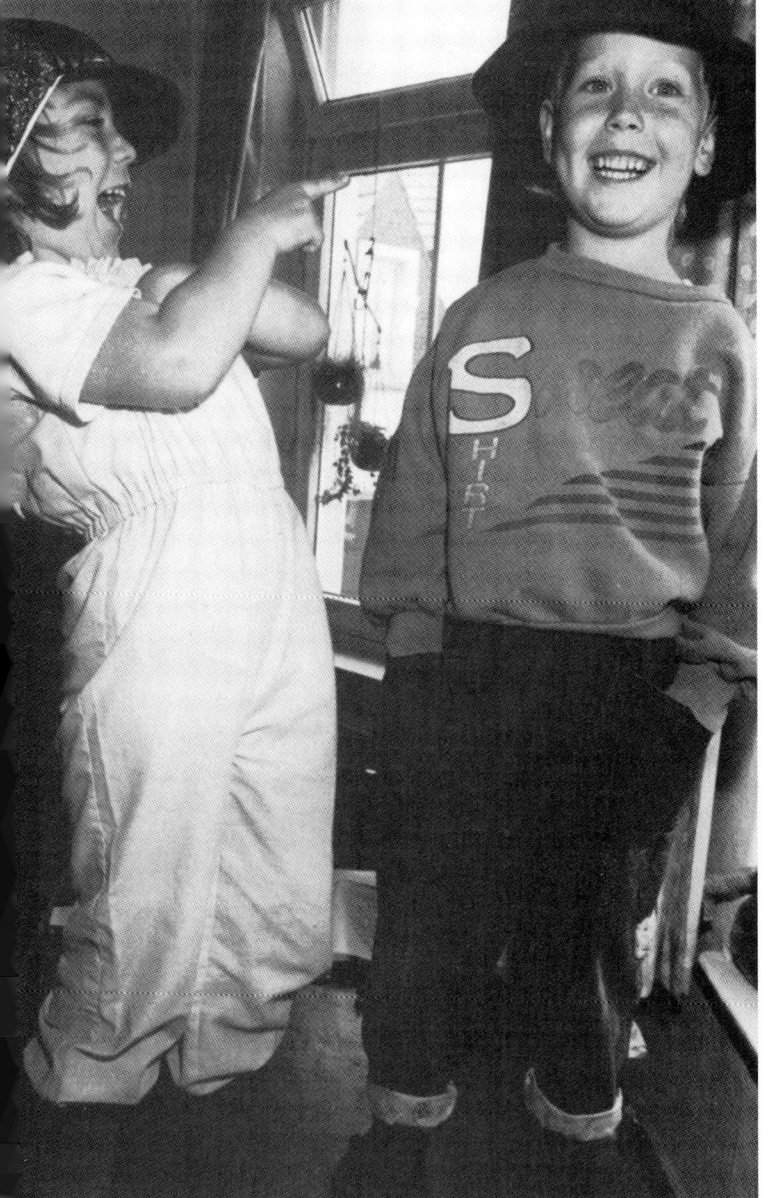

vier Stationen Stricker–Ausrüster–
–Näherei–Druck, viele Betriebe
kennen und kriegt allmählich mit,
wer für wen strickt oder näht, wer
wo was machen läßt. Und worauf
man achten muß: auf die Einlauf-
werte beim Stoff und darauf, daß er
farbecht ist, hochveredelt, druck-
vorbereitet und so weiter. Für jeden
Fehler muß man faktisch zahlen.
Noch eins wurde uns klar: Wenn
wir Geld verdienen wollten, was
nur über die verkaufte Stückzahl
machbar ist, mußten wir mehr an-
bieten. Die meisten Firmen sind
längst dazu übergegangen, mindestens vier Kollektionen pro Jahr
herauszubringen. Man muß eine
ausreichende Vororder sicherstel-
len, das heißt, die Sachen werden
jetzt bestellt und vielleicht in einem
halben Jahr geliefert. Wir brauchten
also einen Handelsvertreter.
Wir haben in einer Fachzeitschrift
inseriert, und es hat sich auch einer
gemeldet. Wir haben ihm den Auftrag gegeben. Es wurde eine Pleite.
Der schrieb mal fünf, mal zehn
Teile, alles kleckerweise. Du mußt
anders auftreten in den Geschäften,
sagten wir, aber es war zwecklos.
Ein neuer mußte her. Jetzt inserier-
ten wir in einer großen Tageszeitung: *«Leistungsstarkes Unternehmen
aus dem Sweatshirt-Bereich sucht Handelsvertreter für das gesamte Bundesge-
biet. Chiffre...»* Und darauf flatter-
ten uns die Briefe nur so ins Haus.
Etliche Interessenten biederten sich
schrecklich an, andere schrieben
«Anruf genügt – komme sofort»,

Ausrufezeichen. Das gefiel uns
nicht. Nur ein Brief machte uns
Eindruck, da stand sinngemäß drin:
«Hab's gerade eilig, vertrete die und
die Firma, mache nachweislich
2–3 Millionen Umsatz, wenn Sie
Interesse haben, rufen Sie mal an,
aber erst dann und dann.»
Den haben wir wirklich angerufen,

und der kam vorbei und suchte das «leistungsstarke Unternehmen». Wir hatten noch nicht mal ein Firmengebäude, sondern nur ein Zimmer im Haus meiner Schwägerin. Der Vertreter fuhr prompt eine Viertelstunde vor dem Haus herum und konnte nicht glauben, daß hier das «leistungsstarke Unternehmen» saß. Er war vollkommen perplex, als wir ihn und seine Frau ins Wohnzimmer führten. Aber die Sache kam ins Laufen. Wir hatten uns bei den teuersten und erfolgreichsten Edelboutiquen umgeschaut und zeigten ihm, in welche Richtung wir ungefähr wollten – eben alles auf Kindergrößen verkleinern. Die

Verkaufsphilosophie ist folgende: die Mutter muß vor dem Shirt stehen und sagen: Das ist aber schön, das möchte ich haben. Dann wird ihr geantwortet: Das gibt's aber nur für Kinder. Und sie beschließt, dann soll wenigstens mein Kind es tragen – und kauft. Klingt einfach, entspricht aber der Realität. Und der Handelsvertreter nickte, auch als wir ihm das Blaue vom Himmel versprachen. Bis ich aufstand und ihn verabschiedete. Mein Bruder war ärgerlich, daß wir ihm nicht gleich den Auftrag gegeben hatten. Ich war aber der Ansicht, wir sollten pokern. Man darf nie zeigen, daß man in irgendeiner Weise von jemandem abhängig ist.

Zwei, drei Wochen später haben wir dann angerufen und mit dem Vertreter alles klargemacht.

Über diesen ersten Handelsvertreter sind wir an andere herangekommen, samt und sonders Spitzenleute in der Branche, mit Autorität. Wir sind mit ihnen ins Konfektionszentrum Sindelfingen gefahren und stellten unsere Kollektion vor, gingen Stück für Stück alle Sachen durch, bestimmt vier Stunden lang. Und es wurde uns alles zerpflückt, es blieb kaum ein gutes Haar an unser Kollektion. Die Runde hat eine ganze Menge Änderungen vorgeschlagen und abschließend angekündigt: Wenn ihr das binnen vier oder sechs Wochen so hinkriegt, wie wir es euch gesagt haben, übernehmen wir eure Kollektion.

Wir hatten den Vorteil, daß die alle namhaften Firmen vertraten und einen festen Kundenkreis hatten, aber bei ihnen gerade der Sweatshirt-Bereich etwas brachlag, und daß unsere Sachen zu dem paßten, was sie sowieso schon vertraten, zu Hosen dieser oder Jacken jener Firmen. Vertreter verkaufen gern Sortimente von zueinander passenden Teilen. Da lag eine Lücke, und sie spielten uns Farben zu und was so im Trend lag, damit wir entsprechend produzieren und sie verkaufen konnten. Für uns waren die Vertreter Schaltstellen zum Markt, Vermittler von Interessen der Käufer, und hatten somit einigen Einfluß auf das, was wir machten. Besonders in technischer Hinsicht, was Verarbeitung, Schnitte und so weiter anbelangt.

Mode ist im Prinzip nur Technik. Allein von Ideen leben zu wollen ist kaum möglich. Viel wichtiger ist dann schon, die Kollektionen der Konkurrenz im jeweiligen Preisbereich genauestens zu kennen und zu verfolgen. Um erfolgreich zu sein, muß jede Kollektion, mit Ausnahme der Standard-Sweatshirts mit den Nullachtfünfzehn-Schnitten, komplett neu sein, vor allem in puncto Schnittechniken. Der Käufer muß im Laden sofort den Eindruck haben: Dieses Sweatshirt werde ich nicht für weniger als 79 oder 89 DM bekommen, weil es so edel aussieht.

In der Produktion hat es aber nur eine Mark mehr und vielleicht noch eine weitere Mark durch den höheren Verschnitt gekostet. Aber ich kann zehn Mark mehr dafür nehmen. Die Optik macht's. Selbst bei Motiven, die im Prinzip alte Hüte sind, wie «College of» irgendeiner amerikanischen Stadt oder «Surfing-Club» oder «Yachting-Club». Die Drucktechniken und Druckarten werden allerdings immer ausgereifter, gerade im gehobenen Preisbereich, zu dem wir gehören – derzeit noch ein Stück unter Marc O' Polo-Niveau, weil wir eben noch neu in der Branche sind. Überhaupt kommt's natürlich auf den Namen an. Boss, Lacoste, Benetton, Marc O' Polo, Oilily, wird nicht nur aus Gründen der Qualität (da bieten manche wirklich nichts Besonderes) oder der Schnitte und Motive gekauft, die Namen haben einen sozialen Wert, einen Prestigewert, für den man extra zahlen muß.

Unsere Firma wächst und wächst. Umsatzmäßig haben wir längst die Millionengrenze überschritten. Das liegt weniger daran, daß wir vernünftige Kollektionen machen, sondern hauptsächlich an unseren Handelsvertretern. Die schenken uns die Kunden zum Beispiel im Kaufhausbereich, wo mal eben zur Ansicht 1000 Stück von dem oder jenem Shirt geordert werden. Was wir daran verdienen? Ein Drittel Material, ein Drittel Nebenkosten, ein Drittel Gewinn, so rechnet die Textilbranche, wenn es optimal läuft für den Hersteller. Im Einzelhandel werden dann 100 Prozent plus Mehrwertsteuer draufgeschlagen. Die holt man sich vom Kunden wieder.

**Christian Pfannenschmidt /
Sybille Zehle**

K L E I D E R
M A C H E N ,
H E U T E

Es war einer dieser englischen Sonntage im Juni; kühler Wind, der Himmel grau. Plötzlich Blitzlichtgewitter. Großbritanniens bekanntestes Mannequin, die Prinzessin von Wales, betrat den Park von Windsor. Sie trug zum Polo-Turnier: einen weißen Sportpullover mit rotem Armstreifen, einen rotweißgepunkteten Rock und – **wow!** entzückte sich anderntags der *Daily Mirror* – rotweißgepunktete Söckchen: *Di's socks appeal!* Die Hofberichterstatter rätselten fortan nicht mehr über den möglichen Ausgang des *Queens Polocup*; sie beschäftigte eine einzige Frage: Wer macht solche Socken? Die Prinzessin erlöste die Reporter. Sie gab zu Protokoll: **It's Mondi.** In München-Neuperlach, Sitz der Mondi-Gruppe, wurde in der folgenden Woche viel englisch gesprochen. Redaktionsteams – von *Times* bis *BBC* – recherchierten, welche Menschen hinter der deutschen Modemarke stecken. Und stellten dann ihren Lesern vor: *Herwig Zahm – the trendsetter.* Schon am Montag waren auf der

Insel sämtliche gepunkteten Söckchen ausverkauft. Die Deutschen aber erfuhren von dem Trubel nur am Rande. Modelieferant des Königshauses sei auch «ein deutscher Hersteller», hieß es auf den bunten Seiten der Tagespresse verschämt.

Bloß keine Schleichwerbung! Die Medien und die Mode, sie haben in der Bundesrepublik ein wundersames Verhältnis. Völlig bedenkenlos nannte zum Beispiel das deutsche Fernsehen ausländische Firmennamen, «aber die deutschen Hersteller- oder Designernamen», meint das Fachblatt *Textil-Wirtschaft*, «sind absolut tabu». Ähnliche Verhaltensweisen seien in Italien und Frankreich undenkbar. In den deutschen Medien wurden im Zusammenhang mit der Modebranche Kleider gezeigt oder Krisen beklagt. Der Aufstieg großer Konfektionäre, die – gestärkt aus der Krise hervorgegangen – weltweite Erfolge erzielten, blieb lange Zeit unbeachtet. Wie ein «Branchengeheimnis» werde der gigantische Erfolg der mittelständischen Bekleidungsindustrie in der Bundesrepublik gehütet, amüsierte sich im Juni dieses Jahres der englische *Guardian*.

Erst in den letzten (drei) Jahren entdeckte die Presse ihren Spaß an Mode-Erfolgsgeschichten. Blätter wie **Vogue** und **Harper's Bazaar**, gerade eben auf dem deutschen Markt, feierten auf einmal ein «deutsches Modewunder» und verkündeten: «Wir sind wieder wer!» Der Jubel galt einer neuen Gruppe deutscher Designer, die plötzlich unerwartet auf dem Markt auftauchten und von den Frauenzeitschriften gehätschelt wurden, als hätten sie bereits die Welt erobert.

Karl Lagerfeld, deutscher Designer mit Sitz in Frankreich und der einzige mit wirklich internationalem Renommee, resümiert nüchtern: «Die deutschen Designer sind nicht mit einem Look oder Stil aufgefallen. Sie sind eine Public-Relations-Idee. Und diese PR erdrückt sie, bevor sie sich wirklich ausgedrückt haben. Ich sehe zuviel PR-Operation. Zuwenig Realität.» Aber was ist die Realität hinter dem Etikett «Deutsche Mode»?

– Sie ist mit 22 Milliarden Mark Umsatz die stärkste Bekleidungsbranche Europas, nach Italien der größte Exporteur der Welt.

– Sie ist die größte Konsumgüterbranche des Landes mit nahezu 190 000 Beschäftigten in knapp 2500 Betrieben.

– Sie ist aber auch eine Nachkriegsgeschichte, ein Ringen um Anerkennung, Stil und Stolz, ein Kampf gegen charakterliche Nüchternheit und gegen nationale Komplexe.

Mit Mode wurde bisher vor allem Frankreich verbunden. Die Franzosen sind die Erfinder der großen Mode, der **Haute Couture**. Italien konkurriert erst seit Ende der sechziger Jahre.

Um heute Erfolg in der Mode zu haben, bedarf es – entgegen der Meinung vieler deutscher Nachwuchs-Designer – keiner langen Tradition. Das beweisen am besten die Amerikaner. Mit außergewöhnlichem Marketing-Aufwand und hohem finanziellen Einsatz etablierte die dortige Industrie in kurzer Zeit Weltmarken.

Um wirklich international erfolgreich sein zu können, braucht die deutsche Mode eigentlich keinen typisch deutschen Stil. Zum Glück, denn die hat auch keinen. Viel wichtiger sind Namen, die für ein individuelles Produkt stehen, klare Handschriften und einprägsame Gesichter.

Die erste, die das erkannte und ihre Person, ganz pur den Marketing-Gesichtspunkten folgend, verkaufsfördernd einsetzte, war **Jil Sander**. 1968 machte sie sich selbständig, 1976 zeigte sie ihre erste Kollektion. Mit 60 Millionen Mark Jahresumsatz ist sie heute noch immer die führende deutsche Designerin. Mit ähnlich schönem Profil folgt ihren Spuren Wolfgang **Joop**, der mit nur vier Mitarbeitern wirtschaftlich unbelastet ausschließlich Joop-Lizenzen vergibt und dabei 20 Millionen Mark umsetzt.

Jil Sander ist und bleibt in der deutschen Mode-Szene – gelegentlich kritisch betrachtetes – Vorbild. Und Leitfigur, auch aus eigener Sicht: «Ich glaube», sagt sie, «ich glaube, daß ich alle deutschen Designer motiviert und aktiviert habe.»

Knapp ein Dutzend bekannter Designer tummeln sich heute auf dem bundesrepublikanischen Markt: **Reimer Claussen** und **Daniela Bechtolf**; **Caren Pfleger** und **Beatrice Hympendahl**; **Barbara Bernstorff** und **Uta Raasch**; **Claudia Skoda** und **Brigitte Haarke**. Zum Teil Namen, die manch einer nicht kennt. Zum Teil Umsätze, die manch einer nicht nennt.

Die große Kasse machen die Konfektionäre. Branchenführer in der westeuropäischen Damenoberbekleidung ist Klaus Steilmann aus Bochum-Wattenscheid. In seiner karg ausgestatteten Zentrale an der stark befahrenen Eisenbahnstrecke dirigiert er 7000 Beschäftigte in 35 Inlandswerken und macht einen Umsatz von über einer Milliarde Mark jährlich.

Der Zwei-Zentner-Mann, der verschwitzt, abgekämpft und mit aufgekrempelten Hemdsärmeln hinter seinem Schreibtisch thront, verkörpert ein Stück Nachkriegsgeschichte. In den fünfziger Jahren, als die Branche mit wiedererweckter Lebensfreude und Wirtschaftswunderseligkeit den Nachholbedarf

deckte, begann Steilmann als Einkäufer bei **C & A**. Als die Talfahrt der Textilbranche in den sechziger Jahren einsetzte, war er einer der wenigen, die ahnten, daß sie allein mit modischer Wendigkeit und technischer Flexibilität aufzuhalten sei. Ende der Sechziger, als bereits 45 Prozent aller deutschen Textilunternehmen Konkurs gemacht hatten und 53 Prozent der Arbeitsplätze verloren waren, machte er mit seiner Näherei in Wattenscheid bereits zweistellige Millionenumsätze. Das Geheimnis: Steilmann lieferte nicht nur zur Saison. Bei ihm konnte man jeden Monat ordern. Ungeachtet des mörderischen Wettbewerbs, der noch immer die Branche bestimmt, verbucht Steilmann seitdem Zuwachsraten. 21 Millionen Mäntel, Kleider, Röcke, Blusen hat er letztes Jahr gefertigt, getreu der Steilmann-Devise: «Im Preis nie nach oben gehen, möglichst in der unteren Mitte bleiben.»

Für den Textil-Tycoon kein Grund, sich zufrieden zurückzulehnen. Er feilscht mit einem englischen Großkunden um Preise, zeigt da einen Rock, «und hier, schauen Sie, ist die passende Bluse», als führe er kein Milliarden-Imperium, sondern eine Nähstube im Ruhrpott. Pfund- und Dollarverfall machen ihm Sorgen. «In England werden wir dieses Jahr kaum Gewinne machen», sagt er. 100 Millionen Mark Umsatz macht er bisher in Großbritannien. «Unser Wirtschaftsminister wird sich noch wundern.»

Schon immer zäh ging für Steilmann das Geschäft mit den USA. Zoll, Fracht, Dollarkurs, viel Freude hat es ihm nie gemacht, «aber wenigstens keinen Verlust gebracht». Acht Millionen Dollar setzt er bisher nur um, und der Textilgigant hat auch für die in Amerika weitaus erfolgreicheren deutschen Modehersteller wie «Mondi» (Umsatz in den USA 1986: 50 Millionen Dollar), «Escada» (30 Millionen Dollar) oder «Bogner» (10 Millionen Dollar) und «Boss» (5,5 Millionen Dollar) wenig Anerkennung übrig: «In so einem Riesenland sind das doch nur *peanuts*.»

Seinen Mitbewerbern macht das junge Geschäft mit der Neuen Welt – 1984 lag der Exportzuwachs bei der Damenoberbekleidung bei 92 Prozent – freilich viel Freude. Die Mondi-Gruppe, die Pioniere im deutschen USA-Modegeschäft, haben heute zwischen New York und San Francisco 35 eigene Shops. «Es fing unheimlich zäh an», sagt Herwig Zahm, der geschäftsführende Gesellschafter, «und wir haben ganz klein angefangen mit einem Geschäft in Palm Beach, direkt neben Armani und Calvin Klein. Dieser Laden aber ist dann unheimlich gut gelaufen.»

Die Kombi-Mode aus Oberbayern kommt der geschmacksunsicheren Amerikanerin in den Mittelstädten der Vereinigten Staaten äußerst zupaß. Ihr werden nicht nur einzelne Kleider, sondern, farblich abgestimmt, Mäntel, Schuhe, Röcke und Pullover angeboten, eine perfekte Grundgarderobe aus zehn bis zwanzig Einzelteilen vom Handschuh bis zum Hut. Sie werden als «Paket» angeboten und in Spezialcontainern nach Übersee geschafft und – wie der *Guardian* süffisant bemerkte – gut verpackt, nett anzuschauen und ordentlich genäht – pünktlich an den Kunden gebracht, und auch noch zu vernünftigem Preis: **German Fashion.**

Mit gleichen Methoden, aber höherem Niveau, hat sich die Marke **Escada** in Amerika einen Namen gemacht, die Amerikas Frauen in schmeichelnde Stoffe hüllt und deren Farbfreude und Schnörkelverliebtheit anspricht. Wolfgang Ley, Vorstandsmitglied der Aktiengesellschaft, der 1976 das Unternehmen gründete, hat es mit seiner Frau Margaretha, die für das Design verantwortlich ist, geschafft, innerhalb kurzer Zeit neben der «Escada»-Kollektion die Linien «Laurel» und die junge Kollektion «Crisca» zu etablieren, mit denen heute ein Jahresumsatz von 200 Millionen Mark erwirtschaftet wird, stets unter dem Motto: «Wir sehen die Welt als unseren Markt an.» Auf der «Collections-Premiere Düsseldorf» (CPD), der frühesten Orientierungsmöglichkeit für die Einkäufer, zeigte er Anfang August nicht nur seine neue Escada-Sommerkollektion für 1987, sondern auch sein Händchen für Handel und Wandel.

Große Konfektionäre wie auch die Mondi-Gruppe fertigen seit einem

Jahr ausschließlich in der Bundesrepublik, nachdem sie zuvor 30 Prozent in Fernost nähen ließen. Roboterstraßen ersetzen die asiatischen *Sweatshops*. Bei **Bogner** stricken vollautomatische Maschinen Pullover im norwegischen Handarbeitslook. Ein einziger Knopfdruck genügt, um die Farbmischung zu ändern.

«Der erste Design-Computer, der in der Welt installiert wurde, steht bei Escada», erzählt Wolfgang Ley. «Ein Konstruktionsbüro gewissermaßen.» 1,5 Millionen Farbschattierungen können damit auf Bildschirme gezaubert werden, 200 Farben ausgedruckt werden; es lassen sich bunte Muster auf unifarbene Pullover- oder Blusenzeichnungen auftragen, man kann vergrößern, verkleinern und exakt ausrechnen, wie viele Teile aus einem Stoffballen geschneidert werden können. Per Bildschirm kann man so jedes Bekleidungsstück über Telefonleitung oder via Satellit zum Kunden in Los Angeles funken oder auf die Zuschneidetische der Mitarbeiter. «So läßt sich», erklärt Ley, «durch Technik mit einer kleinen Mannschaft eine riesige Kollektion administrativ bewältigen.»

Aus der Sehnsucht nach modischen Leitfiguren gewann die Gruppe der deutschen Designer Bedeutung. Die Medien gaben ihnen plötzlich einen Raum, den sie nicht immer auszufüllen vermochten. Obwohl Branchenkenner in Deutschland nur **Jil Sander** und **Wolfgang Joop**

als Designer wirklich ernst nehmen, fühlen sich die jungen Modemacher zwischen Kurfürstendamm und Leopoldstraße nicht selten als Stylisten von Weltruf. Solche Selbstüberschätzung führt gelegentlich zu einer Diskrepanz zwischen Anspruch und Wirklichkeit. Der Stoff, aus dem die Träume sind: sich mit eigenen Mitteln ein Modeimperium zu stricken. Oft aber zerrinnen sie schnell. Finanzprobleme und Pleiten gehören zum jungen Designer-Alltag. Allein auf der Münchner Modemesse fallen nach jeder Saison zwanzig Prozent der Aussteller wieder durch die Maschen. Der Geschäftsführer Karl-Dieter Demesch: «Zwei geben auf. Drei neue stehen da.»

Die Hoffnung der Nachwuchs-Modemacher, mit Hilfe von finanzkräftigen Partnern eine Karriere zu starten, erfüllt sich ebenfalls nicht. Deutsche Geldgeber, so beklagen sich zum Beispiel die Berlinerin **Brigitte Haarke** und die Hamburgerin **Daniela Bechtolf**, gehen zu wenig Risiken ein, vertrauen der schöpferischen Kraft nur mit größer Vorsicht. Finanzieren sie aber mal eine Modemacherin wie zum Beispiel die Münchner Firma Lodenfrey **Beatrice Hympendahl**, wollen sie die Kreativität flink in Kapital umgesetzt haben. «Da haben Konfektionäre Designer unter Druck gesetzt», sagt Daniela Bechtolf, «und gedacht, sie machen den großen Umsatz, den sie natürlich nicht erreichen konnten.» Damit eine Zusammenarbeit zwischen Kreativen und Kapital in Deutschland wirklich funktioniere, «müßte sich die ganze Textilbranche ändern». Dann erst bekäme Mode einen größeren Markt.

Vorschriften, Abmahnungen wegen zu teurer Knöpfe, Einsparungen bei Präsentationen, Aufforderung zu modischer Mäßigung empfinden die Kreativen als kleinkariert. Sie möchten ihre Lust, in schönen Stoffen zu schwelgen, ihre Allüren und Kapricen nicht von schnödem deutschem Pragmatismus erstickt sehen. Daniela Bechtolf, die ihr Familienvermögen ins Modeunternehmen investiert: «Ich weiß nicht, welche Einschränkung furchtbarer ist: die, von fremden Geldgebern abhängig zu sein, oder die bittere Erkenntnis, daß man allein auf dem Markt keine Chance hat.»

Vor dem Pogralillo-Hochhaus in Monaco schneiden Schnellboote weiße Schneisen in das Meer, Probeläufe für das *Off-shore*-Rennen Monte Carlo–St. Tropez. Entspannt folgt **Karl Lagerfelds** Blick ihrer gischtigen Spur. «Wenn ich so was höre», sagt er heiter, «da werde ich ganz böse. Das ist doch lächerlich, diese Leute, die da nur zwei, drei Jahre arbeiten und sich dann schon wie unterdrückte Genies benehmen.»

Tatsächlich sind ja auch nicht nur die Designer abhängig von der Industrie, sondern auch die Industrie ist abhängig von den Designern, von deren Phantasie, Einfällen, Konzeptionen. Der Markt braucht Ideen. Der Zwang, jahraus, jahrein im Frühling / Sommer und im Herbst / Winter immer wieder neue Ideen aus dem Hut zu zaubern, kann quälend sein. Immer wieder neu und immer wieder gut sein zu müssen und dabei auch einen eigenen, innovativen Stil zu kreieren – da stoßen manche an die Grenzen ihrer Schöpferkraft.

Und so erklärt sich jener Umstand, der sich durch die gesamte deutsche Mode-Branche zieht, vor dem niemand gefeit ist, über den aber jeder schimpft wie ein Rohrspatz: Der Klau geht um.

Böse Lügen? Avantgarde-Designerin Brigitte Haarke sagt, Mode sei nicht Abgucken, sondern Gucken. Und in diesem Sinne «gucken alle untereinander». Die Crux: «Wenn in Italien ein neuer Trend geboren wird und zur selben Zeit jemand in Deutschland dasselbe macht, sagen alle immer: Die Deutschen gucken bei den Italienern ab. Aber das stimmt nicht. Es waren halt dieselben Einflüsse – nur wertet man die italienischen Designer höher!»

Also nur eine Frage von Einfluß und Selbstbewußtsein? Alles nur ein atmosphärisches Problem? Dagegen spricht, was man sieht und was man hört. Da taucht in der Kollektion eines Deutschen plötzlich exakt kopiert ein auffälliger Pullover des Italieners **Gianni Versace** auf, da entdeckt eine Hamburger Einzelhändlerin, die in ihren Geschäften keine deutsche Mode führen mag, im Fenster einer Designerin jene knallengen Reißverschlußkleider, die den Designer **Azzedine Allaia** berühmt gemacht haben. Jil Sander klagt: «Wir haben in Deutschland unglaubliche Kopier-Probleme», was sie regelmäßig zum Prozessieren veranlaßt. Es ist freilich schwierig, sich Kleidungsstücke als geistiges Eigentum wie Worte oder Musik urheberrechtlich schützen zu lassen: Schon ein leicht versetzter Knopf, eine zart veränderte Naht macht aus der Kopie ein neues Original. Daniela Bechtolf ist «genervt», daß viele Kollegen stets Kopien anderer «von der letzten Saison» vorführen, und bezeichnet das Abkupfern in Deutschland als «enttäuschend extrem – auch bei guten Leuten!» Doch nicht nur die Designer untereinander beäugen sich mit Neugier und vor allem Skepsis. Wolfgang Joop etwa sieht den Berufsstand der Konfektionäre so: «Die kopieren alle fröhlich und bringen dann ein Potpourri dessen, was gängig ist: ein Schuß Armani mit Montana-Ärmeln gemixt, Allaia-Kopien überall – da hängen wir uns mit dran, sagt der schlaue Konfektionär!»

Der schlaue Konfektionär aber hat ebenfalls nichts zu lachen. Wolfgang Ley weiß zu berichten, daß auch Escada-Mode als Kopiervorlage begehrt ist – bei Billigproduzenten aus Asien. Die ornamentierten, bestickten Pullover, die Ley als Escada-typisch bezeichnet, seien zum Beispiel

immer wieder geklaut worden: «Bis zu 10 000 Mark sind dafür bezahlt worden, den Vorabdruck unserer Kataloge aus der Druckerei herauszuschmuggeln. Leute standen dann bereits am Flughafen in Frankfurt, um mit den Vorlagen nach Hongkong zu fliegen.» Dort würde dann eine «ganz miese Acrylware optisch verblüffend» kopiert, die rechtzeitig zur Düsseldorfer Modemesse Igedo «zu einem Drittel des Preises» angeboten würde.

In solchen Fällen greift der Manager ganz hart durch: «Wir verfolgen jedes Plagiat konsequent.» Musterschutz für Escada-Ware in 51 Ländern ermöglicht dem Konzern rechtliche Schritte, selbst gegen große Einzelhändler, die seine Kunden sind: «Dann zwingen wir ihn mit einer einstweiligen Verfügung, die Ware nach drei Tagen Aufbrauchfrist aus dem Verkauf zu nehmen.»

Wer auch immer wen wie kopiert, die Möglichkeiten, sich kreative Ideen rechtlich schützen zu lassen, sind ebenso begrenzt wie der Ideenklau grenzenlos. Einfälle in der deutschen Mode sind Mangelware. Und so klauen alle fleißig weiter, erklären, sie ließen sich bestenfalls «inspirieren», schöpften aus dem «Zeitgeist», «von der Straße» oder aus dem Fundus vergangener Jahrzehnte oder gar Jahrhunderte. «Wer sich an eine modische Form klammert, ist notwendigerweise immer verspätet», sagt René König in seinem Buch

«Menschheit auf dem Laufsteg – die Mode im Zivilisationsprozeß» und meint damit sicherlich nicht Griechen und Römer, die sich nachgewiesenermaßen anderthalb Jahrtausende lang ein Hemd über den Kopf zogen, das wir heute «Himation» oder «Toga» nennen.

Von dieser «Geschichte der Langsamkeit» mögen Einzelhändler träumen in einer Zeit, in der sich die Trends jagen, ja überschlagen.

«Heute werden Trends schon totgesagt, bevor sie sich überhaupt entfaltet haben», klagt Klaus Steilmann in Wattenscheidt und steht damit keineswegs allein in der Wüste: Kolonial-Look, ihn haben die Konfektionäre für den kommenden Sommer zum Beispiel gleich tonnenweise anfertigen lassen und schauen jetzt selbst etwas erschrokken auf soviel Safari-Sand, Beige, Khaki, Tropenhelm und Düne. Kennt der Kunde den Film «Out of Africa» noch im nächsten Jahr? Der Endverbraucher hat die Mode noch gar nicht gesehen, da sind die Trendsetter schon längst anderswo. Die abgesprungenen Trendsetter fallen zunächst nicht auf; sie werden ersetzt durch die modischen Nachzügler. So erscheint es für den oberflächlichen Beobachter, als würde die Mode sich noch immer weiter ausbreiten, während Marktforscher deutlich erkennen, daß sie bereits im Abflauen ist, obwohl die Umsätze immer noch steigen.

Manipulieren läßt sich der Kunde weit weniger, als es bei oberfläch-licher Betrachtung scheinen will. Was der Kunde nicht mag, kauft er nicht. Lehnt er eine ganze Moderichtung ab, sinken die Umsatzzahlen rapide.

Designerteams der großen Modehersteller sitzen darum auch nicht zusammen und sagen sich: jetzt hauen wir den Kunden Gelb aufs Auge, sondern sie fragen sich eher, wie sie ihn umgarnen: Ist der Kunde schon reif für Gelb? Wird er Gelb mögen? In welchen Kombinationen wird er Gelb annehmen? Einzelhändler, immer auf der Suche nach dem richtigen Trend, sind längst zu fliegenden Händlern geworden, jetten von Messe zu Messe. Bedeutendster deutscher Modemesseplatz ist die Düsseldorfer Igedo. Diese größte Modemesse der Welt, auf der mehrfach im Jahr zu den zwei Saisons internationale Kleidung gezeigt wird (dreißig Prozent ausländische Aussteller), war auch die erste internationale Fachmesse der Welt. 1949, während der Berlin-Blockade, fehlte ein zentraler Ausstellungs- und Handelsplatz; damals entstand die «Interessengemeinschaft für Damenoberbekleidung». Manfred Kronen, 50 Jahre alt, ist als Boß des Privatunternehmens eine Art Campingplatzbesitzer, der heute eine Ausstellungsfläche von mehr als 153 000 Quadratmetern an nahezu 6000 Aussteller vermietet. Über 210 000 Besucher lockt die Igedo jährlich nach Düsseldorf. Manfred Kronen, füllig, fröhlich,

fachmännisch, ist eine der Schlüsselfiguren in der deutschen Mode. 1984 initiierte er erstmalig die «Deutschen Designer Schauen Düsseldorf», auf der nahezu alle namhaften deutschen Modemacher regelmäßig ihre neuen Kollektionen vorstellen. «Wir fühlten uns in der Rolle derjenigen, die den Designern klargemacht haben, wie über ihr wohlgehütetes Geheimnis, daß sie nun Mode machen, am besten geredet wird.» Mit einer Präsentation deutscher Designer im New Yorker Guggenheim-Museum setzte er 1981 erste Signale: «Kommerzieller Erfolg kaum meßbar. PR-Erfolg: ganz erheblich!»
Durch Marktforschung, die Kronen intensiv betrieb, fand er heraus, was ausländische Händler zum Einkauf nach Deutschland lockte: «Qualität, Paßform, pünktliche Lieferung.» Wenn es freilich auch noch eine stilistisch originäre deutsche Mode gäbe, so antworteten noch vor wenigen Jahren die fremden Fachleute, würden sie noch lieber kommen. Kronen: «Da haben wir angefangen – um Düsseldorf als Modeplatz verkaufen zu können –, uns mit Werbekampagnen um das Image der deutschen Mode zu kümmern.» Diese Entscheidung war zwar für Kronen wirtschaftlich folgerichtig, führte aber eben zu jener Erwartungshaltung gegenüber dem deutschen Design, die bisher nicht erfüllt werden konnte.
Für Manfred Kronen führte die frühzeitige Erkenntnis, daß es eine

gemeinsame Interessenlage zwischen ihm und den Modemachern gibt, zu jenem Vorsprung, den er mit seinem Messeplatz vor allen anderen Messestädten wie Berlin, Köln oder München hat. Der Traum von der Metropole, der Wunsch nach einem Zentrum, wie es Paris und Mailand sind, ist allen Kreativen zu eigen. «Zwar ist Paris der kommerziell schlechtest ausgenutzte Platz der Modewelt», räumt Lagerfeld ein, «aber diese schöne feindliche Atmosphäre – denn irgendwie hassen wir uns ja alle –, die läßt die Funken schlagen, die bringt Esprit und Leben. Aus diesem unsympathischen *Meltingpot*, da kommt ja irgendwie immer was raus.»
Und auch Steilmann aus dem Ruhrpott sehnt sich nach Glitzer: «In Paris, da hat sich eine Zentralität gebildet, mit Klatsch, Tratsch und Frau Begum und so weiter . . . Das braucht die Mode. Wir haben zwar unser deutsches Modeinstitut und all unsere Verbände, aber was wir brauchen, das ist Glanz und so ein paar Galionsfiguren. Was machen denn diese Pariser», fragt Europas größter Konfektionär nicht ohne Selbstbewußtsein. «Ungaro, Balmain, diese Berühmtheiten. Die machen ja nur ein paar Teilchen.»
Am stärksten entbehrt der Nachwuchs eine funkelnde Metropole. Die einen – wie Brigitte Haarke – zog es nach Berlin. Sie hat dort vor zweieinhalb Jahren den «Club der Mode-Avantgarde» mitbegründet,

dem heute zehn junge Designer angehören. «Kreativ und wirtschaftlich arbeiten wir unabhängig voneinander. Aber allein zu kämpfen ist Quatsch. Als Gruppe sind wir stärker.»

Die anderen zog es nach München. Die «Avantgarde Veranstaltungs-GmbH» hat dort eine regelrechte Gegenmesse installiert – finanziell unterstützt und freundlich gefördert von der Industrie, allen voran Konfektionär Dietrich Seeler. Kollektionen von übermorgen zeigen da junge Modeschöpfer mit so klingenden Namen wie Neo Nadel, Florian Obst, Richelieu oder Veni, Vidi, Vici. «Vielleicht stellt sich in hundert Jahren heraus, daß es heute durchaus eine Avantgarde gegeben hat und wir nur nicht imstande waren, sie zu erkennen. Vielleicht nicht in der Literatur und der Musik, sondern in der Kleidermode, wer weiß.» Das sagte Umberto Eco.

Mode 1999, Entwurf von
Beatrice Hympendahl

JOOP! Mode 1999
Young Fashion

Die junge Mode besteht aus einer
Kombination von Zitaten, Persifla-
gen von klassischer «Erwachsenen»-Mode aller Epochen und Stile.
Das «Neue» besteht nicht aus
«Neu-Erfindungen», sondern aus
gewagten Kombinationen, die die
bisherigen Grenzen des «guten Geschmacks» bewußt verletzen. Zum
Beispiel: Vom Chanel-Kostüm die
Jacke zu Jeans (ultraklassische
Form) mit Netzstrumpf und
Abendschuh.
Man dokumentiert Klassenkennt-
nis, aber Klassenlosigkeit. Sex-Appeal weicht dem Bedürfnis nach
unabhängiger Unschuld.

High Fashion

Die Mode der Arrivierten setzt
deutliche Statements in bezug auf
sozialen Status. Clan- oder Klassen-
bewußtsein dokumentiert sich in
betont traditionellen, tailor-made
hochqualitativen Kleidungsstük-
ken.
Ordnungssinn drückt sich in Frisur,
Make-up und abgestimmten Accessoires aus. Luxus wird nicht verschämt, sondern bewußt zur Schau
getragen.

Michael Ody,
Blick nach vorn –
Mode der Neunziger

Begonnen hat wohl alles mit den
berühmten Feigenblättern. Seitdem
die aus der Mode gekommen sind,
leiden alle modischen Utopien an
der gleichen Krankheit wie die
Mode selbst, sie altern schon beim
Hinsehen.

Selten war Mode erheiternder, als
wenn sie der Versuchung erlag, sich
futuristisch zu geben. Bei allem
Wohlwollen gelingt ihr im günstig-
sten Fall ein kreativer Ausdruck des
kulturellen Umfeldes ihrer Zeit.
Der Traum vom individuellen Frei-
raum modischer Selbstdarstellung
wird für viele auch in Zukunft ein
solcher bleiben, wenn er es überhaupt je war.

Kein Grund zur Verzweiflung. Im
Spielfeld solch unernster Entfal-
tungslust besteht zumindest die
reelle Chance, einer modischen
Uniformierung entgegenzuwirken,
wobei ein gewisses Quantum an
Selbstironie nötig ist bei der Suche
nach einer neuen Ästhetik. In der
Theorie zumindest, oder besser in
der Utopie.

Eine konkrete Aussage zur Mode
1999 kann mit der gleichen Präzi-
sion erdacht werden wie die einer
Gesellschaftsutopie schlechthin:
Der einzige sichere Orientierungs-
punkt ist der, daß ein Blick nach
vorn mit Sicherheit zunächst ein

Blick nach hinten sein wird. Wie im Märchen beginnt die Suche nach einer neuen Mode zumeist mit den Worten: Es war einmal...

Dabei findet die Utopie heute schon statt, nur so still und leise, daß sie sich zumeist dem Diktat modischer Legitimierung entzieht – so lange jedenfalls, bis der Trend sie überrollt.

Das Fatale daran ist: Je weiter die Fantasie vorausschaut, je schneller wird sie eingeholt; landläufig nennt man das dann altmodisch.

Da ich mich nicht der Illusion hingebe, sieben Fliegen mit einer Klappe zu schlagen, noch die Kunst beherrsche, Stroh zu Gold zu spinnen, werde ich mir weiterhin neben der Suche nach Mode das Vergnügen leisten, Kleider aus Krawatten oder Handtuchrollen, Mäntel aus Mullbinden, Sattelfilz oder Bronzenetzen, Overalls aus Paketfallschirmen oder Papierunterhosen, Hemden aus Glasfaser oder Teppichunterlagen zu kreieren, und weiter träumen von des Kaisers neuen Kleidern – meines Wissens seit besagten Feigenblättern die einzigen, die nicht aus der Mode kommen.

Claudia Skoda, Mode 1999

Frauentyp

Frau ohne Neurosen wird die Orientalin mit chinesischem Einschlag sein. Frei und gesund, wird sie den Alltag am besten meistern. Anpassungsfähige Männer wird es zur Genüge geben, und das Resultat wird sein:
In der Mode spielt **sie**, wie es **ihr** gefällt. Ihre Grenzen setzt sie da, wo ihre Gesundheit gefährdet ist. Als echte **Eva** will sie alles zeigen, womit man das einzige Tabu (Krankheit und Häßlichkeit) vergessen kann. Ihr gesunder Körper, ihre schöne Haut, alles will sie zeigen, daher wird sie sogar im klassischen Bereich beweisen, welche Erfolge sie erzielt hat. Sie will nichts kaschieren oder günstig erscheinen lassen. Alles wird **echt** und hart erarbeitet sein.
Es werden sich die Haarfrisuren und das Make-up total verändern. Blondes Feinhaar wird man selten finden, nur künstlich. Das **Natürliche** wird bald total out sein, und man wird mit dem **Künstlichen** natürlich umzugehen wissen.

Milchgaze aus Zucker und Seide

Mode

In der Mode wird sich
nichts revolutionieren, denn
es war wirklich schon alles
da. Was noch nicht **da** war,
wurde in Science-fiction-
Visionen vorangekündigt.
Somit hat sich dort schon eine
nostalgische Vorstellung
entwickelt.
Die einzige Chance und meine
persönliche Wunschvorstellung
gehen dahin, daß es sehr unge-
wöhnliche, neuartige Materialien
und Verarbeitungsmethoden
geben wird, die hoffentlich
sehr kreativ eingesetzt werden,
damit sich hieraus ein neuer
Stil entwickeln kann.

Hosenkleid und Jacke
aus Wolle mit Proteinen

Thomas Böhm

HERRN KAISERS NEUE KLEIDER

Vor einigen Tagen lebte einmal ein Herr Kaiser, den nannte man den Herrn der Mode. Kein Mensch im Lande wußte so gut wie er, wo der Faden längsläuft. Was er trug, galt als die neueste Masche und wurde Modegesetz. Sämtliche Modezeitschriften befragten ihn regelmäßig nach den neuesten Trends, um ja nicht den Faden zu verlieren, und auch wenn vielen sein Geschmack über die Hutschnur ging, versuchten ihn alle nachzuäffen. Keine internationale Modenschau lief ohne ihn über den Laufsteg. Entsprachen die Entwürfe nicht seinen Vorstellungen, so konnten die Designer gleich ihren Hut nehmen. Die meisten Macher hatten Manschetten vor ihm, aber wagten es nicht, ihm den Fehdehandschuh hinzuwerfen. Wer sich Herrn Kaiser widersetzte oder sich gar mit ihm in die Wolle zu kriegen gedachte, riskierte Kopf und Kragen. Viele Karrieren in der Modebranche hingen von seinen Launen ab und somit meist an einem seidenen Faden. Finanziell war er ein gemachter Mann, beruflich bekleidete er einen hohen Posten. Privat jedoch galt Herr Kaiser als etwas versponnen und zugeknöpft. Selten einmal, daß er aus dem Nähkästchen plauderte.

Eines Morgens nun meldeten sich zwei Herren, namentlich Herr Hinz und Kunz, bei Herrn Kaiser und stellten sich als zwei renommierte Modemacher vor. Herr Kaiser, immer auf der Hut, befand nach längerer Prüfung, sie hätten eine reine Weste, und ließ sie zu sich auf sein Mode-Schloß kommen. Herr Hinz und Herr Kunz waren aber in Wirklichkeit zwei halbseidene und gerissene Geschäftemacher, die Herrn Kaiser nach Strich und Faden ablehnen wollten. Ohne sich zu verhaspeln oder sich in Widersprüche zu verstricken, erzählten sie ihm, daß sie verstünden, den schönsten Stoff zu weben und zu schneidern, den man sich denken könne. Die Farben und das Muster wären nicht allein ungewöhnlich schön, sondern die daraus gefertigten Kleider besäßen die wunderbare Eigenschaft, daß sie für Menschen unsichtbar wären, die unverzeihlich dumm seien und nichts von Mode und Zeitgeist verstünden.

«Das wären ja prächtige Kleider», dachte sich Herr Kaiser, «wenn ich die trüge, könnte ich dahinterkommen, wer außer mir noch etwas von Mode und Zeitgeist begreift; außerdem könnte man endlich die Dummen von den Klugen unterscheiden.» Herr Kaiser gab den beiden viel Geld und ließ sie im Schloß anfangen zu arbeiten. Herr Hinz und Herr Kunz taten so, als ob sie einen Stoff aus ihrem Koffer holten, und fingen an, durch die Luft zu schnippeln und zu schneidern. In der Zwischenzeit erzählte Herr Kaiser allen wichtigen Modemenschen von diesem neuen, einzigartigen Stoff, und bald wußte das ganze Land davon.

Nach ein paar Wochen meinte Herr Kaiser, einmal nachsehen zu müssen, was aus dem Kleid geworden sei. Zwar war er der festen Überzeugung, er könne es sehen, aber dennoch wollte er lieber andere vorschicken. So rief er den Chefredakteur der wichtigsten Modezeitschrift und den Verantwortlichen im Sinne des Pressegesetzes eines großen Zeitgeistmagazines zu sich, sie sollten sich doch einmal die neue Mode betrachten. Die beiden Berufenen betraten den Arbeitsraum und sahen nichts außer zwei Herren, die ihnen stolz einen Kleiderbügel entgegenhielten.

«Verflixt und zugenäht! Bin ich denn dumm?» dachte der Chefredakteur. «Ich sehe ja nichts!»
«Mir reißt doch glatt der Faden», dachte der Verantwortliche

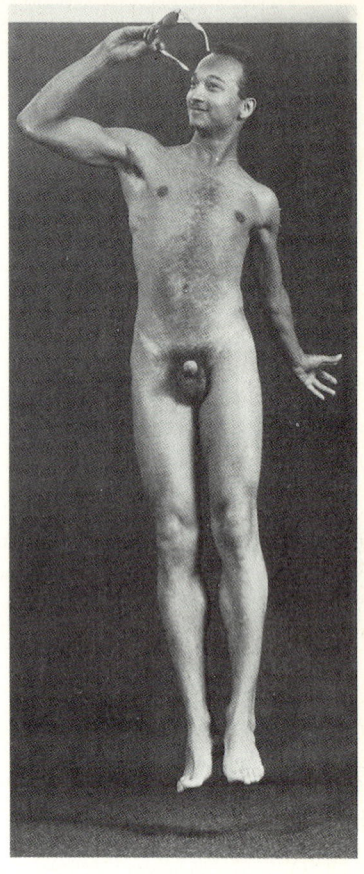

i. S. d. P., «verstehe ich denn nichts von Mode und Zeitgeist?»
Beide aber fingen an zu klatschen, waren voll des Lobes und beglückwünschten die ausgefallenen Ideen der Modemacher. Anschließend gingen sie zu Herrn Kaiser, schwärmten ihm die Mütze voll und kauften einige Exclusivgeschichten ein.
Da freute sich Herr Kaiser und be-

schloß, mit diesem Kleid eine Modenschau zu arrangieren, so groß, so bedeutend, wie es die Welt noch nie erlebt hatte. Er hatte sich schon immer als einen stattlichen Mann betrachtet, und so wollte er selber das Kleidungsstück auf dem Laufsteg der Weltöffentlichkeit präsentieren.

Doch erst einmal ging er zu seinen beiden Modemachern, um das gute Stück zu betrachten und nach seinem Maß fertigen zu lassen. Voller Ernst zeigten ihm die Herren Hinz und Kunz den Kleiderbügel. Herr Kaiser war wie vor den Latz geknallt.

«Bei meiner Nachtjacke! Ich sehe ja nichts», schrie er in sich hinein. «Ist das alles nur ein Hirngespinst? In was habe ich mich da nur verstrikken lassen? Nur nichts anmerken lassen! Es wäre ja entsetzlich, wenn die anderen erfahren würden, daß ich dumm bin und von Zeitgeist und Mode nichts verstehe!»

Also weinte er vor Freude, ließ sich das Nichts maßschneidern, probierte es ein paarmal an und zeichnete die beiden mit hohen Graden aus.

Dann kam der Tag der Schau. Herr Kaiser hatte die Mode- und Gesellschaftselite nach Paris ins Hotel geladen. Via Satellit sollte die Modenschau live in über 60 Länder übertragen werden. Sämtliche Zeitschriften und Zeitungen hatten auf das Ereignis aufmerksam gemacht. So starrte alle Welt gebannt auf den Laufsteg, als Herr Kaiser, untermalt durch Wagners Rheingold-Ouvertüre, splitterfasernackt dem ausgewählten Publikum entgegenschwebte. Nach einigen tödlich stillen Schrecksekunden brach dann das Getöse los. Die Leute sprangen von den Stühlen, trampelten auf den Boden und ergingen sich in Ovationen. «Was für ein Stoff», heulte ein Textiliengroßunternehmer. «Welch farbenprächtiges Schnittmuster», jubelte ein Chefdesigner. «Haben, haben, haben», schrien andere und rissen sich in offensichtlicher Verwirrung die Kleider vom Leib.

Da schaute des Pförtners Knabe Hans zur Tür herein und quiekte mit heller Fistelstimme:

«Der Herr Kaiser ist ja nackt!»

Und auch die Menschen vor ihren Fernsehern fingen an zu lachen und riefen: «Die spinnen, die Modemacher!», tranken noch ein Bier und gingen zu Bett.

AUTORENVERZEICHNIS

Alexandra Beilharz * 1963 in Tübingen, staatl. geprüfte Modedesignerin (Lette-Verein Berlin). Veröffentlichte mehrere Zeitschriftenartikel. Zieht am liebsten Schwarz an, passend zu ihrer Augenfarbe. Ihr Interesse gilt dem soziologischen Phänomen Mode.

Thomas Böhm * 1954 in Hamburg. Journalist, Herausgeber des «Rock-Kalender» bei Elefanten Press und des Buches «Bis zum ersten Kuß». Zieht am liebsten seine Brille an. Warum er sich mit Mode beschäftigt? Weil er kurzsichtig ist.

Sabina Brändli * 1963 in Zürich, Studium der Geschichte und Kunstgeschichte. Veröffentlichte Filmkritiken in verschiedenen Jahrgängen der «Dokumentation Filmstelle VSETH», Zürich. Je nach Lust und Laune zieht sie Verführerisches, Elegantes oder einfach Jeans an. Beschäftigt sich mit Mode, weil es sonst keine Alternative gibt.

Ralf Buckendahl * 1953 in Berlin, Grafik-Designer. Gestaltet «die tageszeitung» und den «Rock-Kalender», wie überhaupt das Innere und das Äußere und so auch deren Schnittstelle – die zweite Haut. Trägt am liebsten schwarz-weiße und graue Sachen, die schlicht wirken, aber Witz im Detail haben.

Marianne Enzensberger, Journalistin, Musikerin, Filmemacherin: «Die Watte», «Der Biß» (Filme) und «Hymne an eine Schlampe» (Buch). Trägt am liebsten das grüne Plastik-Rhomben-Kleid.

Bettina Ehrhardt * 1956 in Frankfurt / Main, Studium der Literaturwissenschaft, Linguistik und Philosophie, z. Zt. Mitarbeit an einem wissenschaftlichen Projekt. Hüllt sich in Kleidung, die ihr zur zweiten Haut wird. Beschäftigt sich mit Mode, weil sie Spiegel unserer Kultur und zugleich sinnlichstes Zeichensystem ist.

Niko Ewers * 1952, Redakteur beim Bielefelder Stadt Blatt. Liebt alle Kleidung, die den Blick nicht nur auf das lenkt, was er anhat. Interessiert sich für Leute, die mit und von Mode leben.

Annette Hülsenbeck * 1950 in Ennepetal, Akademische Rätin für Textiles Gestalten an der Universität Osnabrück. Publikationen: «Die mechanische Näherin – Frauenkompetenz und Technik», in: «Frau und Technik» (Ausstellungskatalog) Bonn / Münster / Bielefeld 1981, und «Schneidern und Nähen – Entwicklung der Bekleidungsherstellung», in: Schütte, Ilse: «Technikgeschichte als Geschichte der Arbeit». Jeans, gestreifte Sweatshirts und gemütliche Jacken zieht sie am liebsten an. Mode ist für sie ein Schnittpunkt: «... in Kleidung drückt sich der Zeitgeist aus, ein Repertoire an möglichen Typisierungen wird zur Verfügung gestellt – wir suchen uns aus diesem Repertoire etwas aus, und so werden Ähnlichkeiten hergestellt zwischen denen, die Ähnliches aussuchen... Mode ist Schnittpunkt zwischen Kulturgeschichte und dem sogenannten ‹persönlichen› Ausdruck.»

Christina Klette * 1957 in Berlin; Studium der Soziologie, Geschichte und Geographie; derzeit tätig als freie Journalistin, Layouterin und Taxifahrerin. Bevorzugt kokette bis provokante Kleidung, d. h. enge Kleider und Röcke, hochhackige Schuhe und Hosen mit Leopardenmuster. An Mode reizen sie die verschiedenen Möglichkeiten des Verkleidens, aber auch des Ausdrucks der eigenen Person.

René König, Dr. phil. * 1906 in Magdeburg, studierte orientalische Sprachwissenschaften in Wien, dann Philosophie, Ethnologie und Soziologie in Berlin und Paris. D. H. L. h. c. (USA), Dr. rer. pol. h. c., Dr. rer. soc. et oec. h. c., Professor Emeritus Universität zu Köln, auswärtiges Mitglied der Königlich Niederländischen Akademie der Wissenschaften, veröffentlichte eine Vielzahl von Büchern und Aufsätzen zum Thema Mode, unter anderem «Menschheit auf dem Laufsteg – die Mode im Zivilisationsprozeß», München 1985.

Elmar Kraushaar * 1950 in Niederurff, M. A. Germanistik, Redakteur bei «Siegessäule – Berlins Monatsblatt für Schwule». Schrieb die Bücher «Männerliebe» und «Rote Lippen». Trägt am liebsten Jeans, Sweatshirt und Turnschuhe. Auf die Frage: «Warum beschäftigen Sie sich mit Mode?»: «In puncto Mode ist jede schwule Disco eine Augenweide. Der optische Genuß erzählt mehr über den einzelnen als viele Worte. Meine Neugier für fremde Menschen kommt gut dabei weg.»

Birte Lock * 1955, freie Journalistin in Berlin. Hat ein Faible für rote, blaue und schwarze Sachen.

Ingrid Loschek, Dr. * 1950 in Wien, Studium der Theaterwissenschaft und Kostümkunde in Wien und London. Veröffentlichte «Mode im 20. Jahrhundert», München 1984, und «Reclams Mode- und Kostümlexikon», Stuttgart 1987. Kleidet sich bewußt dem Anlaß entsprechend und gezielt, aber nicht übertrieben modisch.

Bettina Michael * 1959 in Düsseldorf, M. A. Deutsche Literatur, freie Journalistin in Düsseldorf. Kleidet sich am liebsten klassisch in Schwarz und beschäftigt sich mit Mode, weil sie ein Ausdruck unserer Zeit ist.

Christian Pfannenschmidt * 1953 in Hamburg, Reporter beim Zeitmagazin. Publizierte «Die authentische Geschichte von Stevensons Schatzinsel». Zieht am liebsten Kaschmir-Twinset von Reimer Claussen, Flanellhosen von Ermengildo Zegna, Kaschmirmantel von Kiton und Alden-Slipper von Eduard Meier, München, an. Beschäftigt sich mit Mode, weil's ihm Spaß macht.

Wjatscheslaw Saizew Bekanntester Modeschöpfer der Sowjetunion, künstlerischer Hauptleiter des Modehauses auf dem Prospekt Mira in Moskau, das eine Versuchsabteilung und eine Schneiderei beherbergt und dreimal wöchentlich «theatralisierte Modenschauen» veranstaltet.

Jürgen Stark * 1957 in Hamburg, Autor und Journalist. Veröffentlichte: «Der große Schwindel», «Die großen Stars der Popmusik». Gefällt sich am besten in Ledergarnitur und offenen Haaren. Auch Ärgernisse wie Mode findet er unterhaltsam und interessant.

Thomas Streicher * 1952 in Offenburg, ehemaliger Mitarbeiter beim Elefanten Press Verlag. Trägt trotz des schwarzen Modebooms immer noch am liebsten Schwarz und Grau. Er beschäftigt sich mit Mode, weil «auch das modische Sein das Bewußtsein bestimmt».

Rudi Thiessen – der große Unbekannte.

Christine Waidenschlager * 1954 in Bad Kissingen, Studium der Kunstgeschichte, Geschichte und Hispanistik in Marburg, Berlin und Barcelona. Tätig am Berlin Museum im Bereich Mode. Trägt am liebsten leger-elegante und zugleich bequeme Kleidung und beschäftigt sich mit Mode, weil sie es faszinierend findet, Seide, die mehr als 200 Jahre alt ist, in den Händen zu halten.

BILDQUELLENNACHWEIS